想像與敘述

上冊

趙園　著

目次

下冊

想像與敘述
——由明清之際說起 ················ 133

再說想像與敘述
——以明清之際、元明之際為例 ············ 175

自序

　　幾年前，出版演講錄一度像是成了風氣。為這風氣所鼓動，我也試著將在高校及其他處的演講整理出來，卻終於放棄了——那是一些書面化的「演講稿」，不但擬之於前，且反復修改增補於後。也曾發表過幾篇「錄音整理稿」，無不經了事後的潤色，只能稱之為「仿演講體」。既然不能忍受口語的囉嗦、為演講這種場合必不可少的廢話閒話東拉西扯、隨機的「生髮」，也就不能不犧牲了文字間的「現場性」。於是重新設計，就有了這樣的一本小書。

　　本書的前一組文章，仍然以明清之際為時段，分別由幾個較為具體的方面，討論關於歷史的想像與敘述：《瞬間》處理的是關於事件的敘述，《忠義·遺民》討論關於人物的敘述，《廢園》則梳理某種象徵隱喻在這一時段歷史敘述中的運用。後一組文章是上述討論的繼續與延伸，而以明清直至當代有關元、明、清的敘事史學為分析材料。兩組文章所取材料不盡相同，討論的問題卻有貫通且前後呼應。無論「想像」還是「敘述」，都非文學的專利。「敘述」之為課題，固然不只與文學、史學有關，「想像」作為能力，也非為文學者專擅；在本書的討論中，更涉及精神史、心態史的層面，有思想史與其他學科的交集。

　　前此我關於明清之際的論述主要憑藉文集，明清間的野史，近人的敘事史學的著作，寫作本書時才集中地閱讀。也因了這一番讀史，更體會到了敘述之難，真切地感到了一代代知識人、學人尋求「歷史真相」的艱苦努力。不能直接閱讀外文原著，也仍盡我所能地讀了幾

種國外漢學著作的譯本。我感興趣的,當然是那些不同背景的學者想像古代中國、想像明代、想像明清之際的方式,尤其這種想像中陌生的方面。如若沒有豐富的差異,這項研究會令我感到索然無味的吧。

明初的社會、政治面貌,要由元末以至有元一代來解釋。除了某些具體的制度設施,那個延續近一個世紀之久的朝代將什麼留在了後續的歷史中,並不那麼清楚。對於元代,我卻只能小心翼翼地「觸碰」。事實上關於元明之際,前此已略有觸及——明人與元遺民、元儒有關的言論(《明清之際士大夫研究》下編第五章《遺民史述說》及該章附錄《論許衡、劉因》)。說宋、說元,通常被明人作為言說自己的時代與自身命運的方式,有關的言論提供了深入明人的思想世界的線索。這些材料,無論治元史、還是治明代思想史者都不免會忽略。而「深入明人的思想世界」,是我所能為自己提出的任務。本書中的有關分析也仍然在這一方向上:明人以至近人關於元代的記憶與想像。於此我關心的更是普遍的知識狀況——我們往往無知而有堅固的成見,不惟對於元代如此。涉及宋、元,我的興趣依然在朝代的銜接處。我嘗試著由「明清之際」伸展開去,儘管更像是一種意向、姿勢。我相信諸多「之際」均有研究、開發的價值,只是自己力有未逮罷了。

這本書的寫作使我有機會由具體的研究課題中抽身,考慮一些諸如「方法」之類的問題,也借此反身回顧,將曾經的「研究」作為考察、批評的物件——自己的研究賴以進行的條件及其間的問題,是我長期以來有意無意地避免直接面對的。《尋找入口》一篇,回顧關於明清之際的思想史研究中尋找所謂「切入點」的過程,較之報告一項已經達到的結論,對於年輕的學人或更為有益。我一向缺少方法論方面的自覺;進行一項研究,也不大有「策略」方面的設計。正是「演講」這種場合迫使我反芻。其實我更願意告訴年輕學人的是,並沒有

什麼現成的「路徑」，你所應當做的，是面對難題，尋求自己的解決之道。附錄中關於治學的兩篇，更貼近學術工作中的個人經驗——並非認為已有資格談「經驗」，只不過從事既久，總有愚者千慮之一得，或可與人分享的意思，也可證我與本來的專業（即中國現代文學）並沒有失卻聯繫：「雜談」的某種針對性，多少也因演講所面對的，主要是從事中國現代文學專業的年輕人。

友人出了一本書，《害怕寫作》，他的學生說，老師害怕寫作，還寫了好幾本，不害怕又該如何。我其實是理解這害怕的。此外，還有一點害怕演講，不能像我的不止一個友人那樣，總能在講臺上揮灑自如。我常常會感到不知從何說起。這既與我的書齋生活方式，也與我的工作方式有關。在閱讀與研究中吸引、觸動了我的，通常較為具體瑣細。我可以找到適宜的文體容納它們，而那些意思也像是只宜於書寫。由此也更相信自己的所謂「研究」，極其依賴於文字組織。一些混沌的想頭、混茫的思緒，一旦明白說出，有可能意味全失的吧。「煩碎雜遝」而「寡要」，缺乏統攝性的「問題」，也缺乏支持「統攝」的理論體系，我將此視為能力上的缺失，對研究生說，他們可以用一種簡便的方式自測，即為自己的論文寫「提要」，倘無「要」可提，那麼論文能否成立就大可懷疑，卻又對此不無遊移——「提要」是否真的是有效的自測方式？所謂「論文」也者，是否真的有劃一的標準？

既然有「演講錄」的設想在前，即使不曾都用於演講，最初的設想仍然影響了寫作的方式與態度，即如近于「傾談」的那一種態度。被「論文」、「專著」捆綁的時間太長，原本希望多少打破學術文體的拘束，稍稍舒張一下肢體，卻又因不能容忍散漫與隨意，將「逸出」的部分一刪再刪，終於寫成了現在的樣子。「自由」不可能僅由文體

承諾，那更像是一種所謂「心靈」的能力。據說東歐開放之初，有作家發現自己竟不會寫作了，對那突如其來的「自由」無福消受。我的問題是另外的一種，即因了學術的「規訓」，也因了積習，早已不能「信筆所之」。但既有講稿的基礎，與論文就有了不同，寫作中也較有物件感，訴諸大致明確的受眾，是用之於特定情境的文章。演講不同於論文，也不同於通常的對話、交談的，也無非「態度」。這本小書與我已經問世的所謂「專著」的不同，即在此「態度」。

我曾討論過明代士人的講學。由理學語錄及其他講學記錄，不難想像其時情境，發生於這一特殊場合中的故事。也曾在散文中寫到自己與講臺有關的經驗，比如上個世紀 80 年代講臺上下互為激發、「煽動」的情境。即使經歷過那種時刻，我也仍然更習慣於書齋中的寫作：你可以想像讀者，也可以不想像。即使偶爾面對聽眾，觀察也極粗疏，甚至不如魯迅筆下的高老夫子，尚能瞥見半屋子的眼睛，「許多小巧的等邊三角形」，以及「蓬蓬松松的頭髮」。卻也略有一點故事。在上海某校演講後，友人發給我網上的討論，最熱烈的話題是，某位元女生提問時，大家應不應該發笑，趙老師應不應該也發笑；趙老師為什麼不正面回答女生的提問，而是讓她去查書。我對友人說，他的學生很厲害。另有一個細節。也是在那所大學，一個小女生走到我面前，說，她覺得我「特慈祥」。

此外還能記起的，是在文學所向幾個研究生授課。那往往不是在「返所日」，長長的走廊昏暗而空洞。學生們沉默地聽著，使我覺得自己的聲音像是流蕩在荒漠中，沒有回聲。那真的是一種特別的經驗。

寫這本小書，系應培元之約；對於我的一再延宕，培元表現出了極大的耐心。書稿完成之時，除了一向支持我的大陸的友人、同行與讀者，我要感謝臺灣的學者，與他們的交流，在我，是一種美好的經

歷。我還要感謝《明清之際士大夫研究》及其續編的責編張鳳珠先生,《易堂尋蹤》的責編張國功先生,感謝他們為我的這項研究的面世付出的心血。

在本書中我曾談到學術研究的作用于研究者。這裡我得說,寫作本書,無疑多少影響了我面對歷史時的感覺。每一項研究都有可能讓你有一點改變,即如改變了一點你與「世界」的關係——這是否也正應當是你所期待的?

趙園 2009 年 5 月

那一個歷史瞬間

甲申年三月十九日

　　甲申年三月十九日，即西曆 1644 年 4 月 25 日，明朝京城陷落。有關這一事件的諸種記述（包括近人的敘事史學著作），幾乎都提到了那個關鍵時刻的天氣。你不難注意到，敘述者最希望傳達的，是其時的氣氛；而當日的天氣，似乎有意地參與了氣氛的營造，只是為了使那一時刻更加深入人心。無名氏《燕都日記》記十八日的京城，說「先是連旬天氣陰慘，日色無光。是日大風驟雨，冰雹雷電交至」；「十九日，平明，寂然無聲。微雨後，霧障迷目」（馮夢龍輯《甲申紀事》卷六，頁 105）。時陳濟生在城中，其《再生紀略》記十八日晨，「黃沙障天，忽而淒風苦雨，愁慘異常」（上，馮夢龍輯同書卷四，頁 69）。當日也身在城中的趙士錦，事後記城破時分，「陰雨蔽天，飛雪滿城，慘殺之氣，透人心脾」（馮氏輯《甲申紀事》附《北歸記》，頁 21）。「淒」、「苦」、「愁慘」、「慘殺」，多少也是記憶中的個人心情為天氣塗染的顏色。[1]近人樊樹志《晚明史（1573-1644年）》

---

[1]　《明季北略》卷二〇《十八日申刻外城陷》：「時黃沙障天，忽而淒風苦雨。良久，冰雹雷電交至」（頁452），所記乃十八日晨。十九日，「昧爽，陰雲四合，城外煙焰障天，微雨不絕，霧迷。俄微雪，城陷」（同卷《李自成入北京內城》，頁455）。同書卷二三《李自成入京城》寫三月十八，「黃沙障天，旋風刮地，雷雨交作」，「天氣陰霾，日光悽慘」（頁670）。馮夢龍《甲申紀聞》得之于傳聞，說十八日上午，大雨（馮氏輯《甲申紀事》卷一，頁6）。《國榷》記這一時刻：「昧爽，天忽雨，俄微雪，須臾城陷。」（卷一〇〇，頁6047）。無不強調天氣對此一事件的參與。

半據文獻半由想像,對那個夜晚作了如下描述:「三月十八日夜,內城各門全部打開,炮聲頓時停息,李自成軍隊已經控制了京城。京城上空煙火彌漫,微雨不絕,細雨中夾雜著雪花,在煙霧迷蒙中灑向全城。」(頁1129)天氣作為一個角色,其功能像是只為了傳遞不祥的消息:一個王朝終結在淒風苦雨中。這種暗淡的情境刻畫,顯然包含了如下判斷,即明亡是一場悲劇。本來,那一時刻既是結局又是開端,方死方生,卻被由特定的方向作了描述。其實描述者未必都以為明之亡值得如此哀挽;或可能只是沿用文獻現成的說法,甚至有可能更著眼於修辭使文字更具有情緒的感染力。但至少由字面看,諸書作者當寫下上引文字時,關注的更是一個王朝的終結,而非另一個王朝的興起。

下文將要談到的郭沫若的《甲申三百年祭》,開篇就說:「甲申輪到它的第五個週期,今年是明朝滅亡的第三百周年紀念了。」儘管由該篇看,所祭不止「明亡」,甚至更在李自成的失敗,[2]但「甲申」畢竟是大明王朝的「忌日」。前此任何一個朝代的覆亡,似乎都不曾引起過如此沉痛的「紀念」。

關於當日京城接下來的一幕,諸書的描述有詳略之別,務期「驚心動魄」則是一致的。《甲申傳信錄》寫道:「十九日黎明,時人馬喧嘶,城中鼎沸。德勝門,齊化門,阜城門,宣武門,正陽門,同時俱啟,守城者爭下,裂棄戎衣征袍戰靴而走……」(卷一,頁17)該書的作者其時並不在現場;據他說自己是四月十六日回到京城的。馮夢龍《甲申紀聞》說攻城之際,李自成軍「衣黃罩甲,四面如黃雲蔽野」(馮氏輯《甲申紀事》卷一,頁6);且說十九日「城中火起,順

2　謝國楨《增訂晚明史籍考》關於《甲申三百年祭》,就說:「是書著於一九四四年……恰為大順農民軍進入北京之三百年,故著為是編,以資紀念。又鑒於當勝利到來之時,不致因勝利而驕矜,以提高警惕」(卷六《農民起義》上,頁288)。

成、齊化、東直三門，一時俱開」（同上，頁7）。《明季北略》卷二《李自成入北京內城》並存異說，一雲曹化淳、張縉彥開彰義門迎「賊」；一雲張縉彥坐正陽門、朱純臣守齊化門，一時俱開，「聞城中火起，順成、齊化、東直三門，一時俱開」；一雲「得勝、平則、順成、齊化、正陽五門，一時俱開」（頁455）。無論三門、五門，也無論系何門，「一時俱開」，想必有特殊的震撼性。

門開之後的場面，更傳聞異辭。即如李自成軍入城之際的動作行為，我所見的幾種記述，就言人人殊。趙士錦事後追記見聞，說三月十九日李自成軍進城，「俱白帽青衣，禦甲負箭，唧枚貫走。百姓門俱閉，有行走者，避於道旁，亦不相詰。寂然無聲，惟聞甲馬之音」；當日午後，「百姓粘『順民』二字於帽上，往來奔走如故」（馮氏輯《甲申紀事》，頁9）。樊樹志《晚明史（1573-1644年）》據此篇的記述，以為農軍「確實有點秋毫無犯的樣子」（下卷第一三章，頁1134）。[3]《明季北略》卷二《李自成入北京內城》：「賊將劉宗敏整軍入，軍容甚肅。」（頁455）。《國榷》記李自成軍進城的當日，「榜示開業，罷市者斬。兵政府榜曰：『大師臨城，秋毫無犯，敢掠民財者，即磔之。』有二賊掠絹肆，磔於市。市民聞，大喜傳告，安堵如故」。（卷一，頁6048）《燕都日記》卻說是日「賊眾填塞街衢，搜索騾馬、兒童、婦女，哭聲震天」。[4] 儘管孟森說過，「多一異同之本即多

3　但趙士錦該書還記有「日間百姓尚不知苦，至夜則以防奸細為名，將馬兵攔截街坊出路，兵丁斬門而入，掠金銀，淫婦女，民始苦之。每至夜皆然」（頁9）。顧誠《南明史》沒有關於李自成進城的具體描寫，只說「包括北京在內的整個黃河流域」的百姓「欣喜若狂，歡迎恐後」（頁3）。

4　《再生紀略》極寫是日「賊」殺掠之慘。如曰「各步騎如織，以獻驢馬為名，恣行殺掠。男女雜踏呼號，倏聚倏散。趨者、蹶者、刀砍者、箭傷者、驚死撲地者、懸樑者、投井者、走奔墮胎者、委繈褓而去者、為眾擠什者、牆壓者、馬蹂垂命者、斷手折脛者、剖腹者、截耳者、割鬚髮者街巷狼藉，哭聲如雷」（上，馮氏輯《甲

一推考之資」(《書樵史通俗演義》,《明清史論著集刊》上冊,頁 170),在有了關於「農民革命與農民戰爭」的經典論述之後,農軍的形象非同小可,李自成軍進城這一關鍵時刻,卻被諸多或憑了傳聞、或聲稱「親歷」者敘述得如此參差錯落,想必使史學家遭遇了取捨之難。

記述者當日是否身在京城,其實並不那麼重要。在京城非即在「現場」。由諸種記述看,其時未及出逃的士人,藏匿惟恐不深,所知也得諸傳聞;所見固可能囿於一隅,所聞也不免會是一面之詞。也因此親歷者的記述,在歷史文獻的選擇中並不就理應具有優先性。記述者所處的具體位置之外,另有其人的判斷力以至書寫能力,乃至事後(即使極貼近「現場」的事後)追記中無可避免的整理依慣例、流行樣式、通行文類、共用修辭手段,等等。最不可信的,是「傳信」之類的標榜。錢澄之的《所知錄》,黃宗羲以為與《傳信錄》、《劫灰錄》均「可考信不誣」(《桐城方烈婦墓誌銘》,《黃宗羲全集》第10冊,頁 460),全祖望已不以為然(參看《鮚埼亭集》外編卷二九《題所知錄》)。[5]《甲申傳信錄》,謝國楨《增訂晚明史籍考》錄徐鼐《小腆紀傳》,以為是書「頗不失實」(頁 349),黃裳則說該書「錯誤百出」(《不是抬槓評姚雪垠評《甲申三百年祭》》,《甲申三百年祭風雨六十年》,頁 246)。在我看來,上述文獻更宜於作為瞭解其時人們的感受的材料:他們由哪些方面領受了「易代」所帶來的震動,承受了何種方向上的衝擊,以及作何反應,等等。由上文所引文字看,士大夫在這個瞬間的緊張感,所感受的震撼,的確可用了「天崩地坼」來形容。

申紀事》卷四,頁71)。程源由他人口中聽到的,亦「賊入城,縱兵大掠殺。城南一帶,皆齏粉。婦女姦污死者,井洿梁屋皆滿,城中哭聲震天」(《孤臣紀哭》,馮氏輯《甲申紀事》卷三,頁56)。

5　傅以禮又有對全氏之說的不以為然(參看傅氏《華筵年室題跋》卷上《所知錄》)。

　　至於當日京城百姓的反應，較為人們所熟悉的一種，是順從。上文已引「百姓粘『順民』二字於帽」。《燕都日記》則記該城居民「面帖『順民』二字，繼而又書『永昌元年』，或又書『順天王萬萬歲』，庶幾免禍」（頁 106）。[6]三天后這些順民經歷的大洗劫，絕非他們此時所能料到（參看魏斐德《洪業清朝開國史》中譯本，頁 258-259）。據說劫掠之後，居民得到了吳三桂在山海關獲勝、明太子即將復位的傳聞，「不禁欣然淚下」（同書頁 279）。無怪乎經歷了那段歷史的士大夫以為，最反復無常的，就是「民」。

　　這一天京城中上演著諸種故事，被史家以為最值得記述的，是崇禎之死，以及明臣的動向。

　　王朝更迭（即所謂「鼎革」）本是一個發生在時間中的具有連續性的過程。使這一事件以明確的日期為標記，通常因了那個日子都城陷落、君主被廢黜或死亡（自殺抑他殺）。都城陷落與君主之死，被作為一個王朝覆亡的確證即使此後仍有連綿的戰事，有抗拒與反撲。本篇選取甲申年三月十九日這個「歷史瞬間」，不完全因了它在事實上的重要性，或者說更因了它被認為的重要性由當時直至晚近。而它在事實上的重要性，主要也是被由兩個相關的事件論證的：李自成攻陷北京與崇禎自縊煤山。發生了如此事件的日子，其被認為重要，是無須解釋的，即使這個日子是否明亡的確切日期仍有爭議。[7]或許明

6　《燕都志變》（聾道人述）記「城中家戶，用黃紙書大順永昌牌位、祀奉人。以黃紙書『順民』二字插鬓邊，然後出市行」（《豫變紀略》彭家屏刻本附錄，《甲申史籍三種校本》，頁330）。據謝國楨《增訂晚明史籍考》，《燕都志變》原題聾道人徐應芬述；《荊駝逸史》中之《遇變紀略》，《昭代叢書》中之《燕都識餘》，均為該書（頁352）。

7　呂思勉的《中國簡史》即以1662年永曆為吳三桂所殺為「明亡」（參看該書第四編第一章，頁293）。郭沫若的《甲申三百年祭》開篇即說「今年是明朝滅亡的第三百周年紀念」。而發表於1944年4月15日《群眾》週刊的柳亞子的《紀念三百年前的甲

亡本沒有「確切日期」。明亡是一個過程。局部的「亡」，三月十九日前就在進行；而三月十九日之後，即永曆之死也未必就終結了這一過程。我還將談到，遺民的存在，將明亡這一事件在時間上大大地延展了。倘若考慮到遺民、類遺民現象幾乎終有清一代，確定明亡的日期更顯得過於學究氣。但這並不就降低了甲申年三月十九日作為時間節點的重要性。

甲申年三月十九日之非同尋常，僅由下面的事實也可以證明。

1944 年 3 月 19-22 日，郭沫若的《甲申三百年祭》于重慶《新華日報》連載。這裡的 3 月 19 日是西曆。毋寧認為，這一精心選擇的刊出日期，以異乎尋常的方式提示了「甲申年三月十九日」這個日期的重要性。在 3 月 19 日刊出該文，而不考慮受眾那裡可能發生的混淆誤以為「三百年前」的崇禎之死是在西曆的 3 月 19 日而非 4 月 25

申》一文，卻一再表明自己不認為甲申乃明亡之歲（《甲申三百年祭風雨六十年》，頁51、52）。翦伯贊《中國史綱要》以三月十九日為明亡（頁245）；翦氏主編之《中外歷史年表》於1661年（清順治十八年、明永曆十五年）卻有「明自太祖開國至思宗共二百七十七年，至永曆帝共二百九十四年而亡」云云（頁695）。孟森更斷明亡於康熙三年，說張煌言死，「明乃無人」；魯王死，「明亡」（《明清史講義》第二編第七章，頁361）。通常所謂有明二百七十六年（或二百七十七年），是不將南明諸朝所歷時間計算在內的。謝國楨《南明史略》謹慎地避開了有關判斷。顧誠《南明史》以為崇禎自縊、李自成進入北京「標誌著明朝的覆亡」（頁1）。較晚出的樊樹志的《晚明史（1573-1644年）》，亦以為崇禎的死「意味著明朝的覆亡」（頁1132）。美國學者司徒琳在《南明史（1644-1662）·引言》中說，1644年「並非明亡清興的分界線」，因為皇太極1636年就做了清的皇帝，而永曆直至1662年才被滅（中譯本，頁1）。關於明亡的日期，清人的說法即互有不同。《南疆逸史》有「是歲（按即永曆十五年，西元1661年），緬人獻永曆帝，明亡」的字樣（卷五四，頁433）。張岱《石匱書後集》卻斷然道：「崇禎甲申三月，便是明亡」（卷五，頁49）。明亡時間的認定，關係南明諸朝的歷史是明的「後史」，抑明史的一部分。在王朝史的框架中，絕非無關緊要。至於趙翼《廿二史劄記》所說「論者謂明之亡，不亡於崇禎而亡于萬曆」（卷三五《萬曆中礦稅之害》，頁502），則是明亡後的一種常談。

日倒是更加證明了那個日期入人之深。郭文所用，乃「甲申三月十九日」；稍後柳亞子的《紀念三百年前的甲申》，所用亦「崇禎十七年甲申舊曆三月十九日」，無疑為了貼近「現場」，便於人們想像發生于其時的震撼。[8]賦予某一日期以紀念性，通常是一種儀式行為；有意的重提則是儀式的一部分。有趣的是，郭沫若該文的發表是紀念，六十年後又有對紀念的紀念（紀念文字結集為《甲申三百年祭風雨六十年》，於 2005 年出版），其內容包含了對於紀念的辯護，對於紀念的必要性及其意義的闡發，也包含了關於處理「史學—政治」、「史學—革命」的原則的重申與郭文共同完成了一個「跨世紀」的儀式行為。

在明清間人，情況或許是，「甲申年三月十九日」這個日期在心理上的重要性，更甚于其作為事件的重要性儘管有南明朝這段尾聲，永曆覆滅的日期卻沒有獲得同等的重要性；永曆被害的那個日子甚至難得被人提起。正因甲申年三月十九日被認為的重要性，清末俞正燮才有理由指責明末大儒黃道周在這個日子後的行為不當，不像是為君主服喪者所宜有。[9]在俞氏看來，有了三月十九日，就有了諸種禁忌，諸不可、不宜，甚至斷斷不可為。這個日子之後，地無分南北，士大夫均應時刻在國喪的哀痛中，才合於對故國舊君的正常感情。而曾經活在那段歷史中的人們，反倒會像今人似的，認為「生活仍然在繼續」，因而黃道周甲申年九月因鄴山書舍落成而舉行儀式，從容揖讓，俎豆歌詩，並不認為不正常以至不道德。

對於敘述者以及研究者，選定一個時間的點，有可能更出自策略上的考量：可供開發的線索憑藉這一個「點」而綰合，也緣此而發散如果那確實是個值得拈出的點（「時刻」、「瞬間」）。在這一點上，學

8　與此不同，本書將一再提到的國外學者的有關著作，如魏斐德《洪業清朝開國史》、司徒琳《南明史（1644-1662）》，均用西曆。

9　參看俞正燮《癸巳存稿》補遺《黃石齋年譜當毀論》，頁485-486。

術方式與文學方式沒有顯然的界限，前者大可由後者汲取靈感。[10]至於本篇題目中的「瞬間」，意在凸顯「短時段」的事件史的重要性。據說年鑒學派重視長時段，認為短時段的政治史不過是「轉瞬即逝的塵埃」；這或許有助於校正成見，與我的經驗卻不那麼一致。[11]在大歷史的視野中，甲申年三月十九日固然是瞬間，萬曆十五年也是瞬間，

---

10 類似的敘事策略早已有之。作為一個事件，1936年，鄒韜奮受高爾基在蘇聯發起並主編的《世界的一日》的啟發，發起《中國的一日》徵文活動，嘗試截取、呈現時代生活的橫切面。該活動意在紀念「馬日事變」，以1936年5月21日（馬日）為中心時點。來稿達三千多篇，六百多萬字，以四百九十篇、八十萬字成書，茅盾任主編、蔡元培作總序。此後又有《上海一日》（1938）、《冀中一日》（1941）、《渡江一日》（1949）、《志願軍一日》（1953）等徵文活動。其中《上海一日》徵文在「八一三」淞滬抗戰一周年之際。至於大陸學界採用類似的結構方式，多少受到了黃仁宇《萬曆十五年》的影響（近期坊間尚有《崇禎十七年》、《乾隆一日》等）。黃氏該書在方法論方面的啟示，在於一個選定的時間點可供開掘的可能性，對於一個年頭的敘述，有可能達到的歷史縱深。「萬曆十五年」的意義是被發現、在論述中生成的。當然這種敘事策略也另有其弊，即如因了過於濃縮而致的戲劇性。

11 關於「傳統歷史」即「事件史」，費爾南・布羅岱爾在他的《地中海世界》第一版序言中說，「這是表面的騷動，是潮汐在其強有力的運動中激起的波濤，是一種短促而動盪的歷史」。對這種歷史「我們應持懷疑的態度」（《菲力浦二世時代的地中海和地中海世界》中譯本，頁8-10）。還說：「歷史通常只關心危機，只關心緩慢運動過程中出現的劇變。然而，危機事前都經過長期的醞釀，事後又產生無窮的後果。這些運動有時在緩慢的演變中，逐漸改變了特徵。」（同書第一卷，頁109）在該書第二版的序言中，他又說：「這是所有歷史研究者都會遇到的問題：人們能否採用這種或者那種方式，同時抓住一種迅速變化著的、又因其變化本身及其場面而引人注目的歷史，和一種隱蔽的（或者更確切地說，悄悄的，當然是不惹人注目的）、幾乎不被見證人和主演者覺察的、終究抵抗住時間頑強的磨蝕並且始終保持原狀的歷史？這個有待闡明的決定性矛盾，是認識和研究的一個重要手段。」（同上，頁15）據說布羅岱爾已經過時。他的關於三種歷史（或曰考察歷史的三個層次）的論述，對於我仍然具有啟發性。情況的確是，我們的視野往往止于「傳統歷史」，而無視那種「幾乎靜止的歷史」，對「深海暗流」與它激起的「表面的騷動」，只能程式性地提供粗糙的因果分析（即公式化的背景陳述）。但如果止於「幾乎靜止的歷史」、「深海暗流」，不力圖使激變的瞬間因前兩個層面而得到更豐富更有力的解釋，則是另一種偏至，且往往使我們的研究不能有效地面對現實的課題。

甚至「明清之際」也是瞬間。但在本篇中，我不取這種強調相對性的看法。不同瞬間的意義含量是不同的。司徒琳《南明史（1644-1662）》中譯本朱維錚序，說作為四個或五個抗清政權的統稱的「南明」，通計不到二十年，「只可稱作歷史的瞬間」；還說：「歷史也真古怪。有時上百年過去了，留下的記錄平淡無奇。但有那麼若干瞬間反而在後世會激起迴響，並且引發歷史學家們不倦的探索興味。」「南明史便顯然屬於這樣的瞬間。」

由此看來，時間點不應當如占卜似的隨意拈出，儘管由理論上說，任一個點都有展開的可能。截取時間節點從來難以避免「意圖」的引領。你只能盡可能設法脫出「意圖」對想像與敘述的過度干預。我相信中國史五千年中，大有值得、禁得住「細讀」的瞬間，問題在於有沒有細讀的能力。「細讀」的確是一種能力。對於「歷史」，我們的閱讀往往太粗糙，「上下五千年」似乎可任由馳騁。此外應當隨時想到，抽取盡可能小的時間單位，只是為了便於在嚴格限定了的範圍內搜索共時空間中鋪展開的「歷史」，事件的諸種空間形象，逐層推展，開發出歷史生活的豐富性與廣闊性「歷史」的確曾經廣闊地展開，且豐富到了不可窮盡。

崇禎自縊、李自成軍進城之外，甲申年三月十九日的京城各處，還演出著各種故事。不同于我們的古人，當代人因了歷史觀的導引，已有可能關注大事件中的個人事件，即如「一個人的」三月十九日。這個人不妨是崇禎末年任翰林院檢討的方以智。

明亡之際方以智的故事頗有幾分荒誕。據那本被認為不足以「傳信」的《甲申傳信錄》，這年的三月初七日，方氏曾「具疏請出淮上，招募豪傑」，未得到答覆（卷一，頁11。年譜告訴我們，方氏是年一月二十四日上《請纓疏》；三月十二日，請至淮上招集豪傑，未報）。原因有點微妙。據說前此曾有人提醒朝廷，京城的官員一旦出

城，就會逃掉；那些謀求出京的官員，不過尋找藉口避禍罷了。[12]有
這樣的猜度，方以智勢不能不陷在了圍城中。

至於在那關鍵的一天裡方氏的經歷，個別情節巧合得令人生疑。
據年譜，那天方氏曾與魏學濂等集于金水橋圖謀聯絡孫奇逢武裝，後
因李自成破宣武門，馳入內宮，方氏等人也就作鳥獸散（任道斌《方
以智年譜》，頁123）。《明季北略》卷二二《方以智》記方氏聞變，
「潛走祿米倉後夾弄，見草房側有大井，意欲下投，適擔水者數人
至，不果」。「次早，家人同四卒物色及之，則家人懼禍，已代為報名
矣。四卒挾往見偽刑官，逼認獻銀若干，後乘間逃回」（頁585）。其
實在這種時候，並非誰人都能像倪元璐、施邦曜似的決絕，死得義無
反顧。「圖謀聯絡孫奇逢武裝」，投井而適逢擔水人至，未必不是遷延
的藉口。

關於那一天的情狀，方氏曾在南逃途中作過如下描述：「奔城
南，走城北，炮聲轟轟天地黑。女牆擐甲皆中官，司馬上城上不
得……須臾中宮、大門、東直門，賊營四布如雲屯。此時張牙禁出
入，蓬首陋巷陰風泣」（《方以智密之詩抄・瞻旻・哀哉行（四月二十
三日濟下作）》，《方以智年譜》，頁126）。詩中那個倉皇地「奔」、
「走」、「蓬首陋巷」者，自然是方氏本人。四月二十三日距三月十九
日尚近，寫在詩中的，是較為新鮮的記憶。

馮夢龍所輯《中興偉略》中，有關於京城陷落之際的《難民確
報》，說李自成部曾傳「假諭」：「百官俱報職名，願留仕者留仕，願
回籍者回籍。於是滿朝除死節之臣外，皆出遞報單。」（頁2，《馮夢
龍全集》第17冊）。被「家人」首告的方以智，處境不能不狼狽而屈

---

12 《甲申傳信錄》記其時京城的官員「知國已危，則爭求銜令以遠行避禍為賢」（卷
三，頁36）；彼時曾有北人上言，曰「各官不可使出，出即潛通，無為朝廷用者」
（同書卷一，頁10）。

辱。其時的農軍首領以酷刑索要財物，方氏的被拷掠是不可免的。
《燕都日記》記諸官遭拷比「夾死複甦」者，就有方以智（馮氏輯
《甲申紀事》卷六，頁 109）。《再生紀略》記「賊將中，或原系降官
而昔有交情者，委曲求寬」，「大減前派之數」，所舉的例亦有方以智
（上，同書卷四，頁 77）。能逃出京城，在方氏，無異於重生。《再
生紀略》的作者自說曾與方以智相遇于南逃途中，將方氏歸類為在京
明朝官雖中已向賊報名「而未授職者」（下，同書卷五，頁 87）。該
篇自述南逃經過，詳記道裡及沿途見聞，應可資考方氏的逃亡所曆。
[13]方氏的噩夢，到此並未結束。《明季北略》將方以智歸入「刑戮諸
臣」。在明末清初的語境中，受刑即受辱，即玷污；不死而遭刑戮，
與失節無異。馮夢龍《甲申紀聞》說在京明臣「名單一入，而此身已
隸賊籍」（馮氏輯《甲申紀事》卷一，頁 8）。南京政權判斷忠、逆，
即依名單定讞，而無論是否曾與「賊」合作。[14]南京政府曾「禁北來
逃官，不許入京」（顧炎武《聖安本紀》，《明季稗史初編》，頁 190）。
「逃官」當其時，已成一種身份。官不可逃，倘若陷敵，惟有一死。
覆巢之下，必不可有完卵。臨難不死，臣節已自有虧。全身而逃者，
人人得而懷疑之。其時的《嵩江府闔郡士民討逆賊楊汝成檄》，有
「近者南歸一輩，拷掠而逃，尚屬偷生致討。間關而至，謂其蹤跡堪
疑」云云（馮氏輯《甲申紀事》卷八，頁 156）。在軍事對抗的情境
中，認為南來逃人「蹤跡堪疑」，也應當屬於正常反應。對「刑辱諸
臣」，馮夢龍事後試圖區分情境，避免作一概之論，謂其中「不肯呈

---

13 趙士錦《北歸紀》亦記自己北歸途中，曾與方以智同行（氏著《甲申紀事》附，頁
  23）。方氏本人在詩中對他的這段經歷記述甚詳。參看《方以智年譜》，頁124-126。
14 那年六月，方以智的友人、複社幹將吳應箕擬《公討從賊逆臣檄》，要求臚列從賊
  諸臣姓名，「以聲其罪於天下」；該檄篇末有「謹布從逆姓名於後，與天下共誅之」
  等語（《樓山堂集》卷一九），但文集刊刻時略去了姓名。

身而橫遭束縛」者，與「偷生倖免，甘就桎梏」者，固有不同（《紳志略》，馮氏輯《甲申紀事》卷二，頁21）。但當時風雨飄搖中的南京政府，卻出臺了「從逆六等事例」，所涉情節，幾乎包括了甲申之際在京在外省的官員除抵抗而死之外的所有可能的處境及選擇，足證小朝廷的官員思維之縝密、設想之周嚴。其中「徒凡二條」，包括「遇賊變偶不逃，為賊脅留，未受偽官者」；「杖凡一條」，懲罰的即「初為賊所拘，未受偽官，乘間先歸者」，都適用于方以智（參看顧炎武《聖安本紀》，《明季稗史初編》，頁195-196）。黃宗羲《弘光實錄鈔》卷三記南京政府「定北都從賊諸臣罪」，「五等應徒議贖九人」中，確有方以智、傅鼎銓、張家玉（《黃宗羲全集》第2冊，頁79）。[15]方氏南歸後處境之艱尬狼狽可想。

由此看來，方以智作為其時的「污點人物」，非「徒」即「杖」，應無可倖免，但仍然給他逃脫了。方氏日後的「流」更像是自動執行的，即自我放逐由南京先赴閩、浙、粵，遊蕩在南粵山水間；又隨永曆至梧州、桂林；後又到沅州，輾轉於黔、湘、鄂、桂，漂泊、苦行，披緇逃禪，最終死於押解途中（據余英時《方以智晚節考》）。到

---

15 《明史》解學龍傳記甲申年南京「治從賊之獄」，解氏為刑部尚書，「仿唐制六等定罪」，由解氏議定，以十二月上之。得旨，有「侯恂、宋學顯、吳剛思、方以智、潘同春等擬罪未合」云云（卷二七五）。李清《南渡錄》記同一事，說得旨：「……方以智系定王講官，今定王安在，何止一徒？」（卷四，頁185、186）該書還記有甲申年七月，南京政府禮部尚書顧錫疇「疏糾從逆諸詞臣」，所糾詞臣中有方以智（卷二，頁65）。《南疆逸史》記阮大鋮「使人奏以智降賊，欲殺之，乃變姓名避之嶺南」（卷四〇，頁304），將其人歸入「隱遁」類。《國榷》更記有甲申年八月，「陝西道禦史王孫蕃劾簡討方以智、劉世芳北京逃歸，複撰偽書，顛倒是非。命逮下法司」（卷一〇二，頁6142）。全祖望引林時對批評彭孫貽《流寇志》「但憑邸報流傳，全無實據……敘陷賊諸人，訛以承訛，更多誕妄」，所舉的例就有方以智「陷賊不屈，南歸，阮大鋮誣以偽命，入之六等，舉朝大嘩乃止，而彭氏以為降賊，授庶常」（《跋彭仲謀流寇志》，《鮚埼亭集》外編卷二九）。「舉朝大嘩」疑出於想像。關於彭孫貽《流寇志》，參看謝國楨《增訂晚明史籍考》卷六，頁271-272。

了近代，仍然有人說，倘周鍾不死，「則與方以智、陳子壯同圖晚蓋，亦未可知」（朱倓《明季社黨研究》，頁 202。關於陳子壯，參看本書第三篇）。由此看來，那個瞬間發生的事，對一些身在京城的士大夫，實在是致命的不止城陷之際抵抗、陷落之後自殺者，還有那些倖存者。[16]

「日」自然不是不可切割的最小時間單元；它在理論上可以無限切割，更逼近真實的而非隱喻意義上的「瞬間」。研究者不妨關心發生於這一天而不為史家選中的瑣細情事，尤其裡巷草民的故事。皇城根下的居民、通衢大道邊的居民、深巷中的居民、近郊農民是日所經歷的，他們看到、聽到的，想必人各不同。可惜的是，這類故事通常不能見之於記述。

文獻記述最詳的，是忠臣殉難的故事。當「板蕩」之波傳遞到了眼前，士人中固然有人猝不及防，卻也有敏感者，早已準備了這一時刻的到來，甚至未必不因漫長等待後的到來而如釋重負他們終於可以履行承諾，赴死，或漂泊異鄉。一種擬想中可怕的經歷一旦開始，人也會泰然、坦然地，接受自己的命運。由文集中你知道，吳麟徵自裁前對兒輩說，「富不如貧，貴不如賤，生不如死，今方悟之」（《示兒輩》，《吳忠節公遺集》卷二）。據年譜，這天聽到城陷的消息，倪元璐「束帶向闕，北謝天子，南謝太夫人」，以帛自縊（倪會鼎撰《倪文正公年譜》，《倪元璐年譜》，頁 72）。知名之士殉明的，尚有范景文、王家彥、淩義渠等，或在三月十九日，或在次日，死得都算及

---

16 當其時即有不同的聲音。黃道周對南京政府所議「六等定罪」不謂然，說「今以陷賊之徒，投畀遐方，不齒鄉黨，已為過矣」（《六等定罪議》，《黃漳浦集》卷一一）。史可法也有異論，對此，以下篇章還將談到。祁彪佳巡按蘇、松，曾揭榜于路，有「毋借鋤逆報私怨」云云（毛奇齡所撰祁氏傳，《祁彪佳集》卷一〇，頁 246）。可見「報私怨」作為現象的普遍。

時。其中施邦耀（也作施邦曜）之死在士大夫的記述中最為沉痛。
「邦耀守城，賊入，道梗不得還寓，入民舍自縊。居民恐累之，解其
懸；入他舍又縊，他居民又解之。……當邦耀求死不得時，歎曰：
『忠臣固不易做！』」（《弘光實錄鈔》，《黃宗羲全集》第 2 冊，頁
39）[17]沉痛自然在「民」對於忠臣的拒絕拒絕的固然是牽累，在敘述
者看來，未必不也一併拒絕了忠臣的道德訴求。

你不難依據此類材料，整理出「吳麟徵在三月十九日」、「施邦耀
在三月十九日」、「范景文在三月十九日」，等等。這是其時士人最要
知道、也最希望他人知道的。上文提到的那篇吳應箕《公討從賊逆臣
檄》就說，在南方聽到了北京陷落、崇禎蒙難的消息，「憤泣之餘，
即共以所知諸臣私相較量，如某某者必死，今果死矣；某某者必不
死，果不死矣……」（《樓山堂集》卷一九）可以知道其時士人的關注
所在。但你畢竟活在當代。你想問的是，有什麼事情，在這一歷史瞬
間發生了？這個瞬間開啟了又結束了什麼，生活中有哪些方面因這個
瞬間而發生了變化，此前與此後被此一瞬間劃開了？

上文已經提到，本篇所謂的「瞬間」，是修辭學意義上的。甲申
年三月十九日之後，還有一些重要瞬間，即如弘光覆滅之年，隆武覆
滅之年，永曆覆滅之年。另有一些士大夫歷史中的標誌式時刻，如劉
宗周、黃道周殉難、就義之年；以至於陸世儀何時走出「桴亭」，方
以智何時披緇，黃宗羲、王夫之何時進入「學者」角色；諸多士人何
時、以何種方式「入清」，等等，凡此，均不失為值得追蹤、呈現的
「瞬間」。至於「易代」這種特殊時刻，其意義是無可懷疑的，因為

---

17 黃氏《左副都禦史贈太子少保諡忠介四明施公神道碑銘》的敘述則是：「……在東
　長安門，聞烈皇帝既殉社稷，慟哭而書曰：『慚無半策匡時難，唯有一死報君
　恩。』遂投環死，僕遽解之……是時賊滿街巷，不可返寓，公望門求縊，居人皆麾
　之出，乃以砒霜投燒酒飲，九竅血裂而逝」（《黃宗羲全集》第10冊，頁232）。

這一時刻的確發生了「日常」、「平世」所不可能發生的破壞、改造，有種種事情因這一時刻而改變，包括「日常生活」的面貌。永遠有所謂的「重大事件」、「特殊時刻」。無論史學理論如何流變，僅據經驗你也可以相信，那些個「重大」、「特殊」的確不便與尋常日子的生活流程等量齊觀。

是日前後

應當說，不將探問的目標鎖定在某一瞬間，是呈現那一瞬間的條件。就本篇而言，為了回訪甲申年的三月十九日，有必要看出去，看是日所在的「明清之際」，以至更長的時段。

在較大的視野中，甲申年三月十九日這個時間節點的重要性更是對於明代的，至於已然興起的清朝，決定性時刻有可能在彼不在此。上文已經提到，如同其他在文獻中被作了標記的瞬間，甲申年三月十九日這一瞬間之重要不全是自然生成的，它的深入人心更緣於敘述。對這個特定日子的強調，通常為了喚醒關於一個朝代的記憶，乃至喚醒一個朝代的亡靈。

任一「瞬間」都有彈性。即使爆發的一瞬也有其長度。討論甲申年的三月十九日，不能不涉及這個日子的之前與之後，先兆與餘震。如若確定北京為震中，則有震幅，有震感的傳遞。與這一瞬間相連的，本來就不是一個能以「一日」為長度度量的事件。一旦引入稍長的時段，故事的情節不免會變得不確定，因線索紛紜而難以梳理。

不妨先來想像震動之波自北而南的傳遞。歷史想像的空間伸展，固然賴有「史料」的支援，也要憑藉對時、空的敏感與想像力。由理論上說，在將三月十九日作為座標上的定點之後，有可能將處於不同

空間位置的個人對事件的反應搜集、排列，據此繪出震波。你的確可以想像消息是如水波般一圈圈向外傳遞的；倘若有足夠的文字材料，應當能大致測出遞送的速度，將消息抵達的時刻標在明代地圖上。那或許是以京城為中心的一組曲線。

據滕一飛《淮城記事》，三月二十九日，京城失守的消息傳到淮上，「眾疑信相半」（馮氏輯《甲申紀事》卷六，頁118）。《鹿樵紀聞》開篇即道：「順治元年四月戊午，明留都聞京師之變」（卷上，《揚州十日記》，頁79。按四月戊午即四月初一日，西曆5月16日）。據陳廉《豫變紀略》，那年的夏四月，河南的紳民尚沒有得到準確的消息，「三月十九日之事，言人人殊」（卷七，頁271，《甲申史籍三種校本》）。近人的有關著述注意到了上述時間差。[18]可以確信的是，處在不同地理位置的士人，在不同的時間經歷了這一巨大震撼的瞬間。

士大夫既然不能不先後經歷「國變」，三月十九日身在京城的方以智，與遠在浙、閩的劉宗周、黃道周，經驗自然有了不同。身在商業繁榮的浙東的劉宗周，與僻處福建漳州的黃道周，均遲至五月才得到京城陷落的消息。據年譜，劉宗週五月初二日「聞北變」，時在會稽；次日，「如會城，大會撫按、藩臬諸司，申討賊之義」（劉汋所撰

---

18 孟森《明清史講義》說當年的四月十二日己巳，「凶問至南京」（第二編第七章，頁338）。顧誠《南明史》則說：「三月二十九日，即在北京失守十天之後，消息就傳到了江蘇淮安」（頁41）；四月初八日，崇禎自盡的消息傳到南京；直至十七日，這消息才被證實（頁43）。樊樹志《晚明史（1573-1644年）》的說法是，大約三月二十九日，北京事變的消息傳到淮安；四月九日，消息得到證實；消息傳到南京，大約在四月十二日至十四日之間；到四月二十五日「北報確信」（以上用舊曆）。魏斐德《洪業清朝開國史》依據所用材料，說皇上駕崩的消息傳到南京，為當年的西曆5月18日（農曆四月十八日）；傳到福州，則為西曆6月25日（中譯本，頁287及同頁注1），即事變發生兩個月之後。司徒琳《南明史（1644-1662）》說，直至西曆5月5日（農曆三月二十九日），淮安巡撫才得知北京陷落的消息，而淮安城內眾人疑信相半（中譯本，頁2），即應據滕一飛的《淮城記事》。

年譜）。[19]黃道周則曾致書錢謙益，說「蟄處天末，無殊聾瞶。五月廿七日，乃聞神州陸沉……」（《黃漳浦集》卷一五）劉宗周的門人吳蕃昌有自敘詩十章，其一曰：「三月國始破，五月浙始聞。六月詳邸信，七月歸家伻。家伻與幕客，四月離燕京。八月兒出門，哭走江淮營……」（《祗欠庵集》附錄《吳東發續澉浦詩話二則》。詩中「兒」系自指）。《祁忠敏公日記‧甲申日曆》記是年四月二十五日，祁彪佳尚聞「神京無恙」；二十七日在句容，有人自南都來，才確知三月十九日之變，「為之彷徨徹夜」；二十八日在淳化，得知倪元璐、李邦華等人中「有殉難者」，知南都於二十一、二日已知北都之變。五月十六日前後，則得知清兵已入關。據陳子龍自撰年譜，他這年三月初到四月中「治兵于蛟關」，其間曾回華亭的家。這段時間裡，「寇勢日急，席捲三晉，度恒山，破雲中、上穀，聲問盡絕」（《陳子龍年譜》卷上，《陳子龍詩集》附錄二，頁 688）；直至五月二日，才得知京城陷落（同上，頁 689）。時陳氏或在松江（雲間）。餘同元《崇禎十七年社會震盪與文化變奏》說，「當時雖無電報電話，但事變的消息仍然於旬日間傳遍全國各地」（頁 17），未免失考。

　　與上述人物同時的士大夫「聞變」的時間，他們於第一時刻的反應，大多已不可考，當此關頭的個人故事不免因此而殘缺不全。為卓爾堪輯入的「遺民詩」中，自述「聞變」當時的反應的，似乎惟有卷一方孔炤的《蒼天》一首，說自己當時在濟南，「號絕」。那首詩確也令人想見其呼天搶地，號慟欲絕（《明遺民詩》，頁 49）。《祗欠庵集》附錄《吳東發續澉浦詩話二則》後附記解釋吳蕃昌《哀大樹詩》及自敘詩十章該書未載，「殆編錄時值禁網密，以涉忌諱，去之」。陸

---

19 黃炳垕撰《黃梨洲先生年譜》卻說，那年四月，黃氏得知京師失守，即從其師劉宗周赴杭州（《黃宗羲年譜》，頁23）。

世儀有《五月四日，得先帝、後慘報確信，四海同仇，若喪考妣，詰朝鄉紳有樓船廣筵縱觀競渡者，憤而刺之》一詩（參看馮氏輯《甲申紀事》卷一三，頁 257），傳世的《桴亭先生遺集》、《陸桴亭先生文集》均未載。

戰亂隨處造成著阻滯與隔絕。你大可相信，因了京城陷落的消息姍姍來遲，那個史書上的重大日子，淮河上下、大江南北的許多士人可能是平淡甚至輕鬆地度過的。黃淳耀的《甲申日記》，為「學道」的記錄；三月十九日所記，亦此種內容，全不及於時局（《黃忠節公甲申日記》）。祁彪佳日記三月十九日那天記有如下數事：會晤紹興知府于穎，為築寓山別業而「為石工會計」，此外另有幾檔應酬，複了幾封信。那天日記中的祁彪佳很閒逸，非但不能遙測，且沒有大難將至的預感。十九日前後他的日記所記京中消息，多屬舊聞，即如四月十四日方知京城於三月十八日被困；二十一日聽到的，是三月十七日出都者所說外城有可能不保；二十五日尚聽人說「神京無恙」。由年譜可知，這年春三月庚子（即三月十二日），黃道周應弟子之請所構之明誠堂（講堂）落成。是日「天氣清和，春風四敷」，賓朋雲集，黃氏從容講論，觀者如堵。京畿地區的劇烈動盪，甚至無妨于江南士人的聲色征逐。至於深山與海陬，永遠是最閉塞遲鈍的區域。只有當著抵抗（或假借抵抗之名的軍事行動）依山靠海而進行，才將那些化外之區拖進了這一「歷史時刻」。

落後的交通條件與遲滯的郵傳，使三月十九日的事變沒有可能引發大範圍的共振。樊樹志的晚明史說北京陷落後，南京政府反應緩慢遲鈍，「原因之一是消息傳遞的困難。南北阻隔千里，原先的情報傳遞系統在戰爭動亂中已運轉不靈，北京事變李自成攻陷北京與思宗殉國的消息沿著運河交通線以最為原始的方式向南傳遞，頗費時日。」（《晚明史（1573-1644 年）》，頁 1152）該書引用了日本學者岸本美

緒由新聞傳播學視角所作的研究。司徒琳也談到南京政權的行動遲緩，與局勢不明朗有關（《南明史（1644-1662）》中譯本，頁24）。親歷其境的陳貞慧的《書甲申南中事》，記甲申變後南京士紳的反應極生動。據該文，得到確信，距崇禎自縊「已幾一月矣」，而前此的消息「多得之道路」。即政府要員史可法、薑曰廣，對局勢也懵然無知，陳氏不禁感歎「以金陵重地，不異僻壤；司馬、宗伯重任，所傳不異道路」（《陳定生先生遺書三種》）。按：司馬，史可法；宗伯，姜曰廣）。同時，也正是落後的交通與郵傳條件，使情感的表達受到了壓抑，才激出了某些更強烈的反應。比如劉宗周的不計成敗，力促杭州地方當局組織義師，在今人看來更像是在表達悲憤，是沉痛至極後的宣洩，出於深刻的無力感，而非基於冷靜的軍事估量。在江南，由士夫發動的抵抗，往往帶有此種色彩。

當這種關頭，「速度」才有可能被體會到其極端的重要性。黃道周《答王忠端公書》歎息音耗難通，說「天末間關，遣使經年，每發一緘，頭鬢盡白」（《黃漳浦集》卷一七），是時黃氏在漳南。由心情而言，「頭鬢盡白」云云，並不誇張。黃淳耀《陶庵全集・詩集》卷四《野人歎》五首，有「燕齊杳杳無信來，但聞官吏多逃竄」云云（其一）。錢謙益也歎息著「原野蕭條郵騎少，廟堂鎮靜羽書稀」（《冬至後京江舟中感懷八首・其六》，《牧齋初學集》卷二，頁678）。對於信使，真真是望眼欲穿！[20]

復原三月十九日事變的傳遞過程，需要的就有關於其時郵傳方面

---

20 《菲力浦二世時代的地中海和地中海世界》的作者費爾南・布羅岱爾告訴我們，在地中海地區，16世紀即有企業化的郵政設施（參看該書中譯本，頁301）。該書第二部，在「經濟：16世紀的尺度」這一章下，第一個小標題，即「距離，頭號敵人」；此下的標題是：「對寫信者來說，信件往來費時甚多」（同書，頁530、531）。這裡，「距離」之為「頭號敵人」，是因了經濟發展的要求而被體會到的。該書所說「速度」，關涉「運輸，轉移，傳遞」諸項（參看同書，頁552）。

的知識。南北郵傳的阻滯，甲申變前已然。戰亂中，不惟驛站，遞鋪
想必也不可能正常運作。《祁忠敏公日記‧壬午日曆》記崇禎十五年
閏十一月祁氏北上到臨朐一帶，說「邸報至此不通，已十二日矣」。
同書《癸未日曆》則說「大河以南，皆文移不通」，是時為崇禎十六
年二月。你或許會想到，崇禎二年前後出於財政方面的考慮而裁撤驛
站，是否成為影響其時資訊傳輸的一個因素。你當然已經知道，失業
的驛卒中的一個，米脂地面的李自成，後來參與並領導了席捲南北的
一大「叛亂」。[21]戰局的不明，無疑增加了形勢的不確定性，不但造成
了士大夫間經驗的巨大差異，也加劇了他們當此關頭選擇的艱難。曾
在松江一帶組織抵抗的侯峒曾抱怨道，「吾等不知敵軍所在。神靈保
佑，只有待敵而動，所謂騎虎難下矣」（參看魏斐德《洪業清朝開國
史》中譯本，頁 622 注 3）。卻又不妨相信，那些事後看來無望的抵
抗、反叛，發生在當時，或許正賴有資訊流通的不暢，消息來源的不
可靠，「天下大勢」以至具體的戰場形勢的不明。如此一來，資訊的
阻隔，倒有可能使得兩個朝代間的糾纏大大地延宕，將那個「瞬間」
押長了。

---

21 魏斐德《洪業清朝開國史》談到明朝末年「公用事業」的崩潰：「1629年，朝廷為
縮減開支，將驛遞系統砍去了30%，結果導致了通信的中斷，各官府不得不自己出
錢雇人傳遞文書。由於驛站大量空缺，王朝的『血脈』嚴重阻塞，1630年以後，地
方官府甚至不能肯定他們的奏章能否送達京師。」（中譯本，頁17）該書又據星斌
夫《明代的運輸》等，說，「至晚明，驛遞制度實際上被私商所控制了（至1629
年，只有20%的交通是官辦的）」（中譯本，頁444注3）。裁減驛遞，乃為增加軍餉。
據樊樹志《晚明史（1573-1644年）》，楊嗣昌曾提出加征剿餉的四個途徑，其一即
「在裁減驛遞後節省的開支中每年撥出二十萬兩充作軍餉」（該書，頁974）。康熙
《米脂縣志》卷五《郵傳》則說：「明末李自成，銀川驛之一馬夫耳。因裁驛站，
饑荒無所得食，奮臂一呼，卒至土崩，不可救。」（轉引自樊樹志《晚明史（1573-
1644年）》，頁899）將甲申之變逕直歸結為驛站的裁撤，不免誇張。但三分之一的
驛卒被遣散，被證明了確係為淵驅魚。對於裁撤驛站，余煌當時曾持異議，理由即
「多一夫，少一賊」（查繼佐《國壽錄》卷三，頁86）。

資訊阻隔造成的空隙，通常由謠傳、訛言填補。亂世從來多荒誕不經的傳聞。陳廉《豫變紀略》寫崇禎十三年河南地面曾一時相傳「空中有人馬聲，屋上雪中有人馬跡」（卷三，頁102，《甲申史籍三種校本》）。《鹿樵紀聞》述弘光朝事，說順治元年五月，「地一日三震，長庚見東方，光芒閃爍中有刀劍旌旆之影」（卷上，《揚州十日記》，頁82）與空中人馬聲正可配對，均奇幻詭異，出自非常的想像力。[22]那個時期，人們的想像力似乎異常活躍而生動，留在文字中的，多神怪不經之談，種種「物怪人妖」，像是一時並出。不經之談、訛傳，也參與造成了這一時期歷史的面貌固然往往加劇混亂，有時卻也支撐信念，以心理的撫慰以至自欺，幫助生當其時的人們度過艱難的歲月。這一點，我在本書的以下的篇章還將談到。

那一瞬間之後，參與抵抗的士大夫，所得往往是「土崩瓦解」的印象。抵抗像是只為了見證崩解似的。黃宗羲《思舊錄·孫嘉績》：「大兵將渡，東浙郡縣皆已獻戶口冊籍，牛酒犒師，各官亦委署易置，人情縮不敢動。」（《黃宗羲全集》第1冊，頁386）陳確則說，自長江不守，「胡馬橫驅，所至人心崩潰，浙東、西郡縣之民劫守令降附」（《祭山陰劉先生文》，《陳確集》文集卷一三，頁307）。比較之下，士大夫會說宋亡沒有如是之速。王夫之就說過這意思（參看《宋論》卷一，《船山全書》第11冊，頁227-228）。在他看來，明末事事與宋末不同，「最後一幕」的劇情自然也不同。

事後看去，三月十九日的事變只是如期而至；此前所發生的，似乎都被導向這個瞬間，準備著極度緊張中的爆發這自然多少也出自

---

22 元末有類似傳聞，且同樣詭異。陶宗儀《南村輟耕錄》卷七《志怪》：「至正乙未正月廿三日，日入時，平江在城，忽聞東南方，軍聲且漸近，驚走覘視，它無所有，但見黑雲一簇中，仿佛皆類人馬，而前後火光若燈燭者，莫知其算，迤邐由西北方而沒。……」（頁92）

「後見之明」，以及事後的敘事策略。[23]你不難注意到，無論當時抑事後的敘述中，「鐵函心史」於明亡前夕的崇禎十一年由蘇州承天寺出井，既像是一個兇險的寓言，又成為對於士大夫的意義嚴重的提醒，提醒他們面臨的抉擇。那部神秘的書稿經林古度重加校正，再刊于金陵，似乎只為了見證另一個危機時刻。[24]同年，黃宗羲注謝翱的《西臺慟哭記》、《冬青引》（《黃宗羲年譜》，頁18），則屬於事變前黃氏個人的準備。事實是，士大夫中的敏感者，從來不缺乏某種預測能力，何況黃宗羲這樣爛熟於歷史的人物！明人往往以論宋而論明；明亡前夕，由鄭思肖所處朝代，他們預先看到了自己的命運。

明亡前危機的加深，可以劃歸「前近代」社會歷史漸變的漫長過程。有遠緣，有近因；有種種遠緣，種種近因。士人原有這種遠距離搜索的習慣：為當世、為自己的當下生存尋求解釋。古代中國人好說盛衰。衰變本來就是一個積累的過程。即如明代之由盛到衰，種因甚至可以追到「國初」。事實上，「士論」中從來不乏此種暗示，如在追究燕王「靖難」的後果的場合。論者似乎賦有某種神秘的感知能力，由盛世捕捉「衰」的將至、已至的消息。在一種由經驗啟示了的視野中，一個朝代的命運，尤其最終的劫運，似乎當王朝歷史的大幕揭開的一刻就開始了。

唐順之以「盛世人物」，嘉靖間就慨歎著「天下事魚爛極矣」（《與胡柏泉參政》，《唐荊川文集》補遺卷二），語氣中充滿了不祥之

23　《明季北略》卷一九《北都崩解情景》：「崇禎末年，在京者有『只圖今日，不過明朝』之意，貧富貴賤，各自為心，每雲：『韃子、流賊到門，我即開城請進。』」（頁350）據此，則三月十九日前京城已不屬明。

24　所謂「鐵函心史」不僅成為啟發與激勵，也提供了可資模仿的形式。黃宗炎晚年曾作一石函，「錮其所著述於中，懸之梁上」，囑其子必要時埋之於某處（《鷓鴣先生神道表》，《鮚埼亭集》卷一三）。邵廷采說張岱名其所作曰「石匱藏書」，乃「擬鄭思肖之《鐵函心史》」（《明遺民所知傳》，《思復堂文集》卷三，頁223）。

感。[25]萬曆朝呂坤的《憂危疏》，更直截了當地說當時「亂徵」已見，「亂象已形」。[26]萬曆四十二年的劉宗周，甚至洞穿時空，看到了三十年後的「銅駝荊棘」。[27]王夫之的說法更出諸富於深度的體察。他解釋「陵夷」，說「陵」與「原」本無畛域，「方亂之終，治之幾動而響隨之，為暄風之試於霜午，憂亂已亟者，莫之覯焉耳；方治之盛，亂之幾動而響隨之，為涼颸之揚於暑晝，怗治而驕者，莫之覺焉耳。」（《詩廣傳》卷四，《船山全書》第3冊，頁479）由此看來，凶兆，亂萌，就在不但天下向治、且治之已盛之時。洞見幽微，察知此「幾」與「響」，被士大夫作為了對於當世的責任。

古代中國人的感知盛衰，緣於「歷史經驗」，所謂鑒往知來，久之而成思維慣性出於危機感、憂患意識。但又不便僅據留在文字間的上述預感、預言，輕易地為事件的「必然性」作證。事實是，任一朝代，即使公認的「盛世」，也一定有「危言」，即魯迅所說的「梟鳴」。這也是士大夫的一種傳統。那種鳴聲正是「盛世」的一部分，

25　嘉靖二十年禦史楊爵奏疏中說：「今天下大勢，如人衰病已極，腹心百骸莫不受患，即欲拯之，無措手地。」（《明會要》卷三三，頁570）陳時明說當時情勢，已是「徐樂所謂土崩之勢」，「樂之言曰：天下之患，在於土崩，不在瓦解。何謂『土崩』？秦之末世是也。」（《嚴武備以壯國威疏》，《明經世文編》卷二二九）魏時亮說其時「邊邑之勢，有如曆火積薪；都城之勢，有如處堂燕雀」（《題為聖明加意虜防恭陳大計一十八議疏》，同書卷三七一）。

26　呂氏說：「當今天下之勢，亂象已形，而亂機未動；天下之人，亂心已辨，而亂人未倡。今日之政，皆撥亂機而使之動，助亂人而使之倡者也。」（《明經世文編》卷四一五）

27　其《與周生書》說：「時事日非，斯道阻喪。亟爭之而敗，緩調之而亦敗，雖有子房，無從借今日之箸，直眼見銅駝荊棘而已。」（《劉宗周全集》第3冊，頁463）顧炎武說「今日之事，興一利便是添一害」（《與人書》八，《顧亭林詩文集》，頁93），可為劉氏的說法做注。顧氏曾引宋代羅泌《路史·封建後論》「天下之枉未足以害理，而矯枉之枉常深；天下之弊未足以害事，而救弊之弊常大」（《日知錄集釋》卷九《藩鎮》，頁221。《封建後論》，見《路史》卷三一）。

與其他聲音合成了那個時代之聲。沒有「危言」的時代反倒是不正常的，只能想像為超常高壓下的「無聲的中國」。但萬曆中期以降的有關言說，卻不能再讀作常談，往往聯繫於具體事項、世相，是由政治、社會生活中切實感受到的衰變。翻閱六大本中華書局版的《明經世文編》，社會的日趨動盪，「社會空氣」的漸趨熾熱，士人危機感的加劇，由文字（多屬朝臣奏疏）中清晰可感，不由人不心驚。你不難想像清醒地面對此一過程的士人內心的苦痛，他們的焦灼與無奈。也因此，士人以其對時勢演變的感受與言說，使「明亡」之為事件，在較之那一瞬間遠為漫長的時間中伸展開來。

對危機的反應，仍不免有因人之異。上文提到的方以智，像是預先準備了日後的流亡。「老人持篋續，為餘縫大布。布衣染為緇，塵多豈愁汙」（《方子流寓草》卷二《葛寓》。年譜系此詩於崇禎七年）。緇衣固然因了禁髒，便於「儉德避難」，由方氏的終於為僧看，卻又不免成讖。大致同一時期，江南一帶的生員、秀才，卻衣著舉止豔麗浮誇，[28] 上文所引吳麟徵的書劄中說，「人情物態，日趨變怪」。吳應箕則將他對上述「怪現狀」的觀察；寫在了《留都見聞錄》裡（見該書卷之下《服色》）。「國之將亡，必有妖孽。」其時士人目擊身歷的「易代」，也由複雜的感官印象構成。

據文獻記載，氣候不止介入、而且直接參與了明亡的過程，在這一事件中扮演了一個特殊的角色。王思任等人所編祁彪佳年譜，說崇禎十三年海內大饑，十四年，「數百里饑民群起為盜，劫掠郡邑」

---

28 據魏斐德《洪業清朝開國史》，李東對於此種「被當時人們視為性異常或社會異常現象」深為反感，寫道：「熟聞二十年來，東南郡邑，凡生員讀書人家有力者，盡為婦人紅紫之服，外披內衣……」（中譯本，頁81-82。所引李東語見李氏《見聞雜記》卷一〇）

（《祁忠敏公年譜》）。[29]淩錫祺編陸世儀年譜，記崇禎十一年大旱，「赤氛竟天」；崇禎十三、十四年，又洊旱，「野如赭」；崇禎十五年春，大饑，「家飽糠覈，屑榆為粥，人相食」（《尊道先生年譜》）。陳廉《豫變紀略》記有崇禎十一、十二年春夏，河南大旱且蝗，赤地千里；十三年，大饑，人相食；十四年，大饑疫；甚至有父食子、妻食夫者，「其顛頓死於溝壑者，群聚而剖割之，頃刻而骨骸相撐矣」（卷一，頁 24、26、27；卷三，頁 103）。在士大夫的記憶中，災難是綿延、接踵而至的，儘管這並不削弱了三月十九日那一瞬間的震撼性。連續性，持續之感，也對感覺中時間的長度發生了影響。

災荒─流民─動亂，是被一再驗證過的因果鏈。就甲申年三月十九日的事變而言，詭異的是，災荒不但像是適時地爆發，也像是適時地結束。《豫變紀略》記乙酉（順治二年）五月清軍渡江，「豫州始脫兵燹之禍」；接下來說：「是歲豫州大有麥禾。」更有奇者，「兵火之餘，人不暇耕，但鹵莽播種而已。夏秋間，中原千里，禾稼如雲。既刈複秀，一本凡數莖，其顆粒與初熟者無異。直獲至十月間乃已。」（卷八，頁 300、301）天意從來高難問。遠在贛南的魏禧，直白地表達了他的困惑。夢中他對亡父說：「今年天變良已極，時平物賤歲屢登」（《紀夢》，《魏叔子詩集》卷五），言罷竟痛哭失聲。

我們已經談到了，這是一個有一定長度的「歷史瞬間」；接下來要說的是，它還是憑藉某種空間形式展開的瞬間。

---

29 據祁彪佳崇禎十四年日記，其時浙東因饑荒而人情洶洶，搶攘四起，縉紳企圖以救荒而「弭變」，祁氏的有關文字間充滿了緊張感（《祁忠敏公日記·小捄錄》）。士夫每當這種關口，鑒於「歷史經驗」，也出於「民胞物與」的情懷，往往不待動員即自發地起而應對憑藉鄉村社會歷久而生成的應對糧食危機的機制，以及諸種慣例。這裡有縉紳早已認領的公共義務。即使嚴格自律不介入地方事務的卸任或罷黜的官員，當此關頭也會挺身而出；發生在甲申年的三月十九日之前，也是阻止事件發生的一種努力。

南一北

　　明的潰敗也即清的挺進，是自北而南的。由於戰事推進中的無序，人們的空間經驗在這一時期較之平世有了不同。陳濟生《再生紀略》記自己南逃至長江，官兵「一路盤詰，以鄉譚（按即口音、方言）驗南北」，見「一江之隔，而南北風景大異」（下，馮氏輯《甲申紀事》卷五，頁99）。文秉《甲乙事案》卻注意到了其時局面之混亂，南北間界限的模糊，說「兵備淩已受清巡撫山東之命」，「于南京亦發疏不絕」（卷上，《南明史料》，頁450），令人想到了所謂的「兩面政權」。[30]福建描畫了更其怪異的圖景，即明人與清人同地征餉，「滿笠紗巾，分庭對坐；包布毛帽，並路前驅」，很有點「胡越一家」的味道（《莆變紀事 · 掠餉》，頁3-4）。[31]但南／北仍然是關於那個瞬間的空間想像的座標。

　　我們熟悉一種文學敘述方式：古代說部的「話分兩頭」，近人所謂的「在同一時刻裡」。《明季北略》記三月十九日的京城情景，而後

---

30 對此查繼佐的說法是，京城陷落，淩氏因所部僅五百人，不足以勤王，「乃駐臨清過南下者」（《國壽錄》卷二《禦史淩公傳》，頁50）。《南疆逸史》則說，京城陷落後，淩氏募兵據臨清，「間道使人上書，請收拾山東」，未得回應；「亦時時與新朝（按指清朝）通書，蓋孤軍難以自立也」（卷一一，頁79）。據李清《南渡錄》，甲申年八月，南京政府「改兵部主事淩為山東巡按禦史」（卷二，頁93）；九月，奏疏中有「方今賊勢猶張，東師漸進，然使彼獨任其勞，而我安享其逸，恐亦無以服彼心而伸我論。為今日計，或暫假臣便宜，權通北好，合力討賊，名為西伐，實作東防」云云（卷三，頁107），將他的思路表述得很清楚。據同書，「初，不肯附闖，倡義臨清，複東昌一府。北兵破闖，授兵科」，後伺間南歸，授禦史（卷五，頁248）。據《國權》，「清虜命李建泰招諭淩，授巡撫。陽受之，以聞」（卷一〇二，頁6126）；「在臨清，陽事建虜，馳奏亟乘機恢復」（同卷，頁6141）；後淩「馳赴河南，上清虜所授符印，實授禦史」（同書卷一〇三，頁6167）。
31 據餘氏該書，時當癸巳（1653年）之秋，清當局與「海上」（應指鄭氏）有「和輯」之議，准其沿海索餉，於是有了餘氏所寫的一幕。

不無突兀地瞥向數千裡外，說「是日，淮安西門外有馬兵突至，劫掠婦女」，後知為馬士英軍（卷二《李自成入北京內城》，頁457）。《國權》記甲申年事，亦力圖兼顧南北。考察共時空間中的人生百態，年譜，尤其日譜（也叫日記、日曆），大可作為憑藉，尤其近人撰寫的材料組織得較為密實的年譜。[32]見諸年譜的時空分割，更細緻而清晰，可據以知曉其時人物因所處經緯度的不同，其生存呈現出的不同樣貌。比如你由年譜得知，當劉宗周、黃道周分別在浙東、漳浦得到了京城陷落的消息，一些北方人士已適應了「新朝」，選擇了在其中扮演的角色。乙酉（順治二年），王士禛的兄長王士祿出就有司試；儘管前一年，其伯父自盡殉明。濟南諸州邑的動亂已粗定，而江南的劫難才剛剛開始。這一年清兵屠揚州，南京不戰而降。同一年，方以智在流離中，「伏病南海」（《方以智年譜》）。吳應箕等人起兵抗清死。劉宗周絕食死。黃宗羲與兩弟糾合數百人迎監國魯王，駐軍江上。順治三年施閏章中舉；是年孫臨抗清死於浦城，黃宗羲率餘眾入四明山，山民焚其寨。順治四年宋犖以大臣之子的身份入（清）朝侍衛，宋琬等人中進士。是年陳子龍就義。方以智追隨永曆至梧州、桂林，後又跋山涉水至沅州，與苗民雜處，卜卦糊口；被清兵追捕，奔竄逃亡，一年三易姓名。次年王士禛出應童子試……「時間差」影響于南北士人，王士祿、士禛兄弟與吳越的知名之士，經歷、經驗有了如此大的不同。[33]我們於此看到了發生在同一時刻的戰爭與和平、對抗與順適。這豈不有助於擴張你關於明清易代之際的想像的幅度？清軍南下過程中造成的差異，足以使舊有的南／北觀念獲得新的依據。

---

32 比如馮其庸、葉君遠的《吳梅村年譜》，蔣寅的《王漁洋事蹟征略》，卞僧慧的《呂留良年譜長編》，陸勇強的《陳維崧年譜》，任道斌的《方以智年譜》等。

33 我在這裡強調了時間作為視點的重要性。也應當說，差異的造成，有僅以時、地所不能解釋者。

明亡清興的過程作為時空連續體，隨處留下印跡，複雜化了這一時期的歷史圖景，使那圖景呈現出豐富的層次。

　　明清易代因相對短促，尚不足以造成北、南宋那樣的地域問題，卻仍然勾起了歷史記憶，強化了關於南北的差異感。將這種差異感表達得尤為激烈、極端的，是王夫之。王氏在其史論中，幾於將「夷狄」治下的北人視同異類。比如他說：「石敬瑭割土于契丹，宋人棄地於女直，冀州堯、舜之餘民，化為禽俗」（《讀通鑑論》卷三，《船山全書》第 10 冊，頁 139）。還說，「三代以上，華、夷之分在燕山，三代以後在大河」（同上，卷一二，頁 454），所依據的，未必不是最切近的經驗。將「入清」視為道德蛻變，依此考察易代中的南北，自然在夷夏論的視野中。王夫之所表達的，正是這種偏激之見。將先被征服的北方視為清的版圖，而將較晚納入清廷治下的南方與北方作了區分被大清一統的遲早，暗中被作為了區分彼我的根據。土既非我土，民也即非我民。讀宋元之際、明清之際的文獻，你會發現「北」這一關於方位的用語，通常直接用來指稱元、清；北人即作為敵方的元人、清人，而無論其人是否蒙、滿。[34]陳洪綬說「越中無賴事椎埋者數十百人，戎服佩刀，習北人語言，號從軍健兒，星布四處，白晝奪貨物於市郡，縣官不敢問」（《為劉侯壽序》，《寶綸堂集》）。板蕩之際「北人語言」曾被如此運用。卻也另有全然不同的有關「北方」的想像。陳確就記述了一群傳聞中不知來自何地的好漢，膂力驚人，「皆北音」（《陳確集》文集卷九《東溟寺異人記》），以此渲染北方的雄奇沉鬱，以及北方式的英雄氣概。

---

34 周密《癸辛雜識》所謂「北人元遺山」（別集下《褚承亮不就試》，頁275），「北人」不止指籍貫，更據元好問在南北不同政權間的歸屬。陶宗儀《南村輟耕錄》卷五《汪水雲》記當杭州被元軍攻下後汪元量的詩作，中有「南人墮淚北人笑」（頁56），所謂「北人」，也無論蒙、漢。

《劍橋中國明代史》對人物的籍貫，似乎有特殊的關注。地域（籍貫等）被國外學者作為了理解中國歷史現象的一種線索。他們顯然認為人物關係與人物的命運，可以由此得到一定的解釋。魏斐德的《洪業清朝開國史》即以此為標題：「北人與南人」（中譯本，頁 398）。國外學者對地域南北，以及省籍的重視，由魏氏該書徵引的文獻亦可知。該書在注釋中引用了一種說法，以解釋明清易代中江南士紳抵抗的頑強，認為江南地主「沒有直接面對北方那種急風暴雨般的農民大起義」，以及他們惑于「文人義士」的宏論，「低估了清軍的力量」（中譯本，頁 559 注 1）。這種解釋並不有力。較之北方，江南的士大夫有更強大而易於激發的政治能量；而不少參與抵抗的士人，尤其其中的領袖人物，系「知不可而為」，出於極冷靜的抉擇（參看拙著《制度・言論・心態明清之際士大夫研究續編》上編第一章《經世・任事》）。「不識時務」，或曰拒絕「識時務」，是士文化高度發展所培養、鼓勵的一種精神品格。那種絕望的抗爭，正出自「理性態度」。[35]

清軍對北方的軍事征服相對順利，似乎支持了王夫之的上述偏見。但相對順利中仍然有差異。魯、豫就有不同與省情，該省在戰亂中遭受破壞的程度，尤其該省縉紳對於易代的反應，均應有關。據魏斐德《洪業清朝開國史》，「1644 年投降的『貳臣』中，有 1／4 來自山東。如果說東北地區為滿族征服中國提供了大部分軍事將領的話，那麼，正是山東一地在為北京清政權提供文官上，遙遙領先。山東人

---

[35] 魏斐德該書中的一些統計表很有意思；關於進入清初政治體制的人物，於省籍之外，尚統計及于考中進士的年份，以及在明朝的原任職部門、原任職務被作為了影響其時士大夫的政治選擇的條件。以省籍、考中進士的年份、原任職六部中的何部，解釋其人對明、大順、清的態度，無疑是別致的思路。近人更有將南北差異歸結於學術者。陳守實就說：「明亡後，為抗清之舉，前仆後繼，不顧成敗利鈍，亦惟大江南北王學盛行之流域為最烈。蓋其勇動之氣，激昂淋漓之致，學說有以植其基也。」（《明史抉微》，包遵彭主編《明史考證抉微》，頁12-13）

在清初的這種驟然顯貴，在一定程度上是由於該省平定較早，部分地由於在各處起義時這裡的鄉紳名流遵守了王朝的法令」（中譯本，頁385）。[36]這或許多少可以解釋清初的經歷。[37]

差異毋寧說更在士、民之間。謝國楨《南明史略》就說「農民起義的烽火燃遍了山東全省，前後相繼不下二三十年」（頁101）。在「山東的投降」這一標題下，魏斐德也告訴我們，山東的民間武裝力量的抵抗持久而強勁（參看《洪業清朝開國史》第九章《北方中國的地方控制‧山東的清剿》）。在清佔領北京後不久，1644年夏、秋間，山東就已經是反清軍事活動活躍的地區。至於「北方」，更不可一概而論！楊鳳苞寫《南疆逸史跋四》，說：「甲乙之際，大河以北，建義旗者雲集響臻。長山則劉孔和，掖縣則趙哲文，文登則滿之章，雞澤則殷淵，上谷則周永憲，海州則謝陛，沛縣則閻爾梅，是皆臨江節士、扶風豪士一流人，事未可以成敗論也。」（《秋室集》卷二）。[38]由此看來，其時關於「兩河忠義」的聯想，未見得毫無根據絕非南方多義士，北方皆順民。其時關於「北方」的印象，多少也因了資訊不足，史述有闕。這或許又因發生在北方的抵抗較少士大夫的主導，而

---

36 該書寫道：「在多爾袞進入北京的三個月內，吏部的漢人尚書、侍郎都由山東人擔任了。山東人遞相引薦，以求得朝廷注意。這個省份的名流在京城的影響更加明顯了。而且，山東人在科舉成績優異，就像早些年間的北人那樣。」（頁403）

37 差異著的不止于南／北，還可能有男／女。高彥頤寫到了明亡過程中的祁彪佳夫婦，說「女性世界的安寧和王朝迫在眉睫的垮臺形成了鮮明對照」（《閨塾師明末清初江南的才女文化》中譯本，頁241）。共一時空甚至親密如夫婦，所度過的同一「歷史性時刻」，質地也會有如許之不同，更不必說處於不同階層、社會地位的人們。

38 易代之際的北方，不但有保定的堅守（《崇禎甲申保定城守紀略》，《戴名世集》卷一三），更有周遇吉在甯武的頑強抵抗（《弘光實錄鈔》卷二，《黃宗羲全集》第2冊，頁45）。見諸文獻，陝西的抵抗似乎尤為頑強。戴名世所記發生在榆林的慘烈戰事（《崇禎癸未榆林城守紀略》，《戴名世集》卷一三），足證西北的堅韌。直到1647年夏天，陝西的中心地區才大致為清軍所控制。此時據甲申之變已三年有餘。

更有民間自發的性質。[39]但無論如何,「省籍」視角畢竟使一些易於被
忽略的「事實」得以浮現,使某種「不平衡」得到了描述的機會。較
之籠統的南／北,這無疑是更細緻的考察,有可能以地方史的細節豐
富關於那一時段的想像。

　　戲劇性的是,隨著戰場的向南方推進,「北兵」的構成中有了越
來越多的漢人。萬曆朝侯先春就已經注意到,其時夷狄「入犯之時,
為之四散擄掠者,亦多中國人」(《安邊二十四議疏》,《明經世文編》
卷四二八)。[40]美國學者梅爾清注意到,《揚州十日記》的作者王秀楚
「根據兵卒所穿的是滿族服裝還是漢族服裝或是講滿語還是說漢語來
區分兵卒。相對于用來描述滿族軍官的措詞,用來描述普通兵卒的詞
彙要激烈得多」(《清初揚州文化》中譯本,頁19注4)。這無疑也是

---

39 謝國楨《南明史略》說孫奇逢、惲日初、王餘佑曾「起兵雄縣,連克容縣、新城
　　(河北容城縣)」(頁96)。孫奇逢年譜記有崇禎九年七月孫氏參與容城城守事,起
　　兵事未見之於記述。謝氏該書也說「清朝在北方的統治比較穩定,士大夫大部分投
　　降了清朝,在北方各地繼續不斷爆發的抗清鬥爭中,再也沒有像殷淵、孫奇逢這一
　　類人物參加了」(同上)。南方則不然,士大夫的反清往往與當地的抵抗運動相始
　　終,而且正作為抵抗運動的中堅。商鴻逵《清初內地人民抗清鬥爭的性質問題》一
　　文說葉廷秀、閻爾梅「參加過山東榆園軍」,接下來也說,「知識份子參加抗清隊
　　伍」,仍然以南方為多,「江南戰場幾乎無役無有知識份子參加」(《明清史論著合
　　集》,頁73-74)。

40 鄭天挺《清代的八旗兵和綠營兵》一文說:「一六四四年滿清入關,軍隊作戰以八
　　旗滿洲蒙古兵為主,漢軍和投降的漢兵只在次要地位,一六四六年以後漢軍與滿洲
　　兵並重,一六五〇年以後就以新舊漢軍為主了,八旗滿洲蒙古兵已成次要。……到
　　了一六七三年,三藩事起,八旗兵(包括漢軍)差不多已不能作戰,滿清統治者只
　　好利用漢人的綠旗兵,前後動員了四十萬人(《清史稿・兵志》二),每次作戰,全
　　是綠營步兵在前,八旗兵尾隨於後。」(《探微集》,頁176)魏斐德《洪業清朝開國
　　史》稱多鐸的部隊為「滿漢部隊」(中譯本,頁524)。在關於明清對抗的敘述中,
　　該書對遼東籍軍人的動向尤為關注,甚至包括降清的左良玉舊部中曾在遼東擔任軍
　　職的軍人(參看該書頁497),儘管將後者與最初參與滿漢對抗的「遼東籍」軍人聯
　　繫在一起,不無牽強。

易於被忽略的細節。軍事對抗進行到後來,不但滿、漢,甚至明、清的界限已然模糊不清。至於到了大局已定,南北之間的主要應當是南人對於北人的異己、敵對感,未必不也由有清當道蓄意造成。

山,湖,與海

擬上述題目,不消說受到了布羅岱爾的提示。只是在這一題目下所要討論的,並非緩慢流逝、演變,在漫長的時間裡發生影響的「幾乎靜止的歷史」,人同他周圍環境的關係史,而是山、湖,與海這樣特殊的物質形態怎樣參與了明清易代這一事件,並在事件中扮演了角色。山、河、湖、海當其時,乃繁華世界的邊緣,至是其作用凸顯。餘颺《莆變紀事‧人稀》說:「國變以後,丁亥、戊子之亂,山海糾合,鄉樹一幟,家興一旅,鄉與城仇,南與北敵,山與海哄,殺戮如草,白骨盈郊」(頁 26)。對山、海、城、鄉、南、北的擬人化表述,很有可能貼近當時人的感受。後人讀其時的文獻時也不免相信,正是上述空間形式以不同于平世、常態的姿勢出現在了這個歷史瞬間,使得明清兩個朝代間的交接越發見出了「犬牙交錯」。

明清對抗在河網縱橫的江南平原基本結束之後,又在東南的島嶼、西南的蠻荒之地以至中部的山地延續了一段時間。與易於征服的平原對峙,山、湖與海一度成為抵抗力量的前沿陣地與抵抗分子的遁逃藪。參與抵抗的,就有所謂的「山賊」、「湖寇」,近人概名之曰「農民群眾」。吳易、陳子龍等人參與組織了太湖上的抵抗。川、楚交界處的一帶山林,則掩護了李自成殘部所謂的「夔東十三家」(亦作「西山十三家」等)。近人將李過的養子李來亨 1664 年在茅麓山的最後抵抗,渲染了濃重的悲劇色彩,據說經此一役,清人當遭遇艱難困厄,會說:「又上茅麓山耶?」山扮演的角色尚不止於此。孫奇逢

曾避入五峰山，黃宗羲則曾奉母避入化安山，更為人所知的船山，是王夫之的棲居之地。清定鼎後的一段時間，山繼續提供著庇護。湖上之師、海上之師潰敗後，浙江、福建一帶沿海島嶼，也繼續收留、庇護著抗清義士，見證了吳鍾巒的最後歲月，與張煌言的末路。

朱書《皖寨紀事》說安慶「西北皆大山，綿亙不絕，毗連河南、湖廣之界。其峻者或插天漢；其出入之徑則逼隘，僅可錯趾，左右懸岩如縠無底；其巔乃衍平……而蘄、黃間名寨四十八，由此上接德安、汝寧，名寨四百八十九……」（《朱書集》卷一，頁186-187）直至「海氛漸滅」，山寨「此蹶彼興」，餘波久久未能平息。《皖寨紀事》說，安慶已「北屬大清」，山寨仍「遙奉明制」（頁188），「六、七年而後平」（頁187）；亦有堅守至十餘年者（頁190）。據朱書所記，上述抵抗，頗有士人（由生員到進士）參與其間，設官授職，隱然山中之國。[41]堅持了最後的抵抗的夔東十三家軍，亦有士人參與主持，如洪育（一作清鼇）。洪氏永曆朝為禦史，總督粵、滇、黔、晉、楚、豫軍務。孟森認為其人「儼然一川東之張煌言」（《後明韓主》，《明清史論著集刊》上冊，頁84）。海上的抵抗，則持續的時間更久。鄭氏三代「奉永曆正朔三十七年」，直至康熙二十二年（1683年），鄭成功之孫克塽「以明宗室諸王降」，「明朔始亡」（《小腆紀年附考》卷二，頁794、789）。顧誠《南明史》據大順、大西軍殘部擁明抗清與鄭成功的抗清，說「腐敗透頂」的明王朝所以能同「氣焰方張」的清周旋二十年，「主要是靠曾被視作『大逆不道』的『流寇』和『海賊』」（頁1115）。這豈不也是明亡中的戲劇性一幕？

---

41 謝國楨《增訂晚明史籍考》中說，「當明季，東南率多保境自守，始則鄉紳與農民軍為敵，繼則合力抗清，數十年不絕。而尤以皖中英、霍諸砦，及鄂中蘄、黃諸砦為最著。」（卷一四，頁678）魏斐德《洪業清朝開國史》則說「山地『帶發』人」的抵抗，直至1649年還在進行（參見該書中譯本，頁647）。

　　山，湖，與海，在本篇所寫的時期，繼續被目為化外之地。深林密菁，從來是綠林響馬的嘯聚之所，湖、海也往往利於強徒梟雄的出沒。當明清間對抗的主戰場轉移到了此種所在，已是臨近尾聲的時候。憑藉了這些舞臺演出的，不能不是更細碎片段淩亂的故事；其中認真的抵抗，也像是染有某種絕望的色彩。但山、湖，與海，畢竟造成了明清之交歸屬未定、曖昧不明的地帶，使「易代」的劇情更纏繞虬結，也使兩個朝代的邊緣更見參差。這種地帶甚至零星地深入江南的腹地，向不肯歸順的「士」與「民」，傳遞著複明有望的消息。我在一本小冊子中，說到明王朝「千回百轉的悠長餘音」（《易堂尋蹤關於明清之際一個士人群體的敘述》，頁135）那尾聲的長度是由遺民的卒年標記的。如若將山間湖上海上規模不等的衝突都收入視野，這尾聲確也說得上「千回百轉」。一個王朝逶邐遠行之時，竟拖曳了如此長的後影！

　　當然，其時的山、湖、海也如平原一樣色彩駁雜。文秉《甲乙事案》說乙酉年間的陳湖：「時城中富室大家皆避兵水鄉，為人朵頤久矣。於是，集義者四起，鹹以劫掠財物為事。」（卷下，《南明史料》，頁562）即使吳志葵、黃蜚的太湖義兵，也「無遠圖，惟搜捕剃髮人，及沿村打糧而已」，以至「民甚苦之」（卷下，同書，頁566）。餘《莆變紀事‧海氛》開頭就道：「海上煽禍十有餘年」，極寫「賊」對於沿海的劫掠。大約也因聽多了此種故事，陳確將「吾道而異端」，比之於「山海之窮寇自號為義師，以殃民毒眾，而倖萬不可必之功者」（《異端論》，《陳確集》文集卷五，頁166）。古老的盜匪故事也正借諸「易代」而翻新出奇。如黃宗羲關於四明山寨的記述所示人的那樣，山中有慣匪宿盜，有「義軍」，也有為了自保而襲殺「義

軍」的山民。[42]黃宗羲與其弟就曾為「山賊」所縛,經了營救才得以脫身(順治十三年,《黃宗羲年譜》,頁29)。當著志在「恢復」的士大夫與盜匪在山中相遇,「文明人」遭遇化外之民,暴露的難免是士大夫自身的脆弱,在山的雄強與蠻荒面前的無力。黃氏於此有痛苦的經驗。他從亡海上的經驗同樣痛苦。我所讀到的其時文獻中,再沒有黃氏如下的一段文字,更足以傳達追隨魯王於海上者內心的悽愴的了:「落日狂濤,君臣相對,亂礁窮島,衣冠聚談……」(《行朝錄》卷四《魯王監國》,《黃宗羲全集》第2冊,頁141)黃氏想必不是偶然地選取了黃昏這頹敗的一景。這應當是他記憶中最淒涼、心緒最紛亂的時分。這海以怎樣的神情見證了也參與了殘明最後的掙扎。

也應當說,即使板蕩之際,也仍然有不同的山、湖與海,發生於其間的不同故事。即如那時的山,仍然印著文人的游蹤,山志則收錄了他們的吟詠。山中有隱士的肥遁,為了避亂,或只為了避世無論所避為明為清。山中的佛徒,繼續著他們的宗教生活,卻也有僧人正是在這關頭,較之平世更深地「捲入」了世俗歷史,接納、庇護亡命,乃至直接介入反清秘密活動。隨著小股抵抗的被剿滅,山、湖與海也就納入了清政權的控馭範圍儘管仍然會有化外之民。

兵、賊、盜、虜、義軍

儘管不及《揚州十日記》的廣為人知,我所讀過的那一時期的文獻中,《研堂見聞雜記》(一作《研堂見聞雜錄》)將太倉一帶諸種政

---

42 參看黃氏《行朝錄》卷九《四明山寨》;《黃宗羲年譜》順治三年,頁25。黃宗會《亡弟司輿黃君權厝志》一篇記其地「寨兵」情狀,亦可資考浙東反清民間武裝,及士民當明亡之際的動向。所記清兵對諸寨清剿手段之殘忍,尤可補黃宗羲有關記述之闕略(《縮齋文集》)。

治勢力間的起伏消長，情勢的倏忽變化，人們的盲目奔竄，士人裏脅於亂局的身不由己，敘述得令人印象深刻。由該書看，當時的這一帶到處都在流血，而導致流血的衝突卻似乎可以發生在任意兩方（或多方）之間。演出在此處的「歷史」，成分混雜，衝突各方色彩閃爍不定，並不如正史敘事的井然有序、陣線分明。「有序」、「分明」想必以犧牲上述「混亂」為代價將參差的邊沿裁剪整齊，以便裝入現成的框架。

明清交接處局面的混亂，確有事後看去匪夷所思者。上文已提到了淩駉的「兩面政權」。李宏志《述往》一書中有更怪異的例子，該書說崇禎十五年，中原大亂，「流氛所過州縣，命吏、偽員同城共治，而命吏且聽命於偽員」（頁3，《甲申史籍三種校本》。按「命吏」即明朝官員，「偽員」指大順朝官員），誰說不是易代中的奇景！[43]

發生在這一時期的混亂，部分地也由角色的繁雜與角色面目的難以分辨所造成。

當時以及事後的敘述文字，指稱其時的軍事力量，有「兵」、「賊」、「盜」、「虜」、「義軍」、「北兵」、「清軍」諸名。其中「賊」、「虜」都界定清晰，賊（亦作「流寇」）專指李自成、張獻忠軍，虜則特指清軍，惟「盜」語義含混，指乘勢而起的諸種武裝力量。「賊」的取向明確，標識清楚，「盜」則不然，往往目標不明，成分

---

43 在司徒琳看來，「明清之間的長期爭鬥，與其說是兩國間直接交爭，還不如說是雙方的一場競賽，看誰先制服協力廠商，或是先為協力廠商所擊敗。這協力廠商就是十七世紀中葉逐一吞噬各地的社會政治的無政府狀態」；而「在這場競賽中，明朝的失敗比清朝的得勝來得更快」（《南明史（1644-1662）》中譯本，頁58-59）。該書認為，導致明朝失敗的，是它失去了對於地方政府與社會的控制。梅爾清甚至認為，明末的那種社會動盪有時只有表面的政治性，多數情況下，不過是「在政治大混亂中趁火打劫」而已（《清初揚州文化》中譯本，頁15）。這自然是她得之於文獻的印象。

複雜，品類混淆，如易堂諸子所記述，「市井遊手」與佃、奴混在一起，而以「義師」自命。王士在《池北偶談》中校正稗史關於山東「義兵」的誤記，說某僕系「群盜」，而非「義師」（卷一《紀載失實》，頁235）。其實「義師」、「群盜」無從分別，無論宋末、明末，無不如此。難以區分的，即有上文剛剛說到過的「山賊」、「海寇」與「義軍」，甚至官兵與強盜。「跋扈將軍」所部的亂兵（明軍），行徑就往往無異於寇、盜。[44]至於橫行大江南北的左兵（左良玉部），虐焰張天，殘民或更甚於「賊」、「虜」。三百年後梁啟超注孔尚任的《桃花扇》，還批評該劇「于左良玉袒護過甚」（第九出《撫兵》）。[45]

由此看來，處現代之世，的確不能將明清之際的戰場想像成兩軍對壘、陣線分明。當其時更有諸種性質不同的反復。明朝忠臣陳子壯被後來「反正」的李成棟處剐，另一忠臣楊廷麟則因後來「反正」的金聲桓攻陷贛州而赴水死。在曠日持久的戰事中，「義軍」固然成分駁雜，正規軍（無論明朝官軍還是清兵）何獨不然！戰場上的敵方，可能正是舊日同僚。楊廷麟就說過「群盜縱橫半舊臣」（見《梅村詩話》，《吳梅村全集》卷五八，頁1142）。尤有戲劇性的，是李自成殘部的加盟南明抗清武裝。江右的曾燦不勝感慨，說「當日赤眉猶助漢，降臣朱晃竟傾唐」（《秋興二十首次舒魯齋韻》，《六松堂集》詩集

---

44 黃淳耀《陶庵全集·詩集》卷四《野人歎》，寫官軍與「賊」、「盜」串通一氣，以劫掠殺人為事，曰：「昨聞死賊劫財賦，分與官軍作賄賂。亂斫民頭掛高樹，黎明視賊賊已去。」（其二）寫江南「遊手奸民勇虓虎，跳向湖心作群盜，公然持兵劫官府」。

45 文學古籍刊行社（北京）1954年版《桃花扇》，頁141。該書第三十四出注4批評該劇的以左良玉、史可法、黃得功為「三忠」，說孔尚任對左「非惟無貶詞」，且「極力為之摹寫忠義。蓋東林諸人素來袒護良玉，清初文士皆中於其說」，孔尚任亦為所誤（頁195-196）。

卷六）。[46]天啟「奄禍」中被難的顧大章之子顧杲，據說被「誤殺」於「亂民」（參看魏禧《跋顧子方手劄》，《魏叔子文集》卷一二）。一說其人死於「亂兵」（《思舊錄‧顧杲》，《黃宗羲全集》第 1 冊，頁365）。死於亂兵抑亂民，其實並沒有什麼不同。[47]此一時，彼一時，你中有我，我中有你，倒戈反水，瞬息萬變，不能不使得身份、角色界限模糊不清。商鴻逵曾問及反清運動的性質。倘若追究至具體戰役，性質實在難以斷定。商氏對於這一問題的回答儘管未脫出那一時期的「史觀」，但有關的討論無疑是有意義的。[48]

　　江西是明清之際遭受破壞最嚴重的地區之一。在該地士民，那是一個創巨痛深的血腥瞬間。魏禧說甲乙之際，他所在的贛南，「邑大猾群起為雄，四鄙之野人揭竿稱名字者，不可勝數」（《諸子世傑三十初度敘》，《魏叔子文集》卷九）。未知那些揭竿者稱何「名字」。無疑的是，「義軍」的「義」，當此之時，是最易於被假借的名義。近人黃志繁說，贛南自南宋到清初的動亂者，「並非全是耕佃為主的農民，而是包含了鹽商、雇工、兵卒、無賴或是塾師等各種複雜的人群」（《「賊」「民」之間 12-18 世紀贛南地域社會》，頁 259）。該書更推而廣之，認為「在中國傳統時代地方動亂的『動亂者』，往往在動亂前都能夠在地域社會中具有一定的支配力量，甚至很多時候他們就是地

---

46 彭士望大不以為然，批評道：「兵非自響馬營不重，人非自綠林不雄。又甚則本未為盜，或假託以求招撫，速化美官，一倡百和，竟成風尚。」（《與傅度山兵科書》，《樹廬文鈔》卷四）

47 關於顧杲之死，《明季南略》引《無錫實錄》，說法有不同（參看該書卷四，頁232）。魏斐德《洪業清朝開國史》的有關敘述依據了溫睿臨《南疆逸史》（頁388-389）、查繼佐《國壽錄》（頁70）。在該書的敘述中，顧杲系為鄉紳所謀害，不過借了農民的刀而已。

48 商鴻逵《清初內地人民抗清鬥爭的性質問題》一文，收入商氏《明清史論著合集》。是「階級鬥爭」還是「民族鬥爭」，是當時提問的方式。這種討論也基於其時武裝力量成分、「階級背景」的複雜、多樣性。

方社會最有勢力的人群。這一事實表明，地方動亂的『動亂者』，並非傳統階級鬥爭視野中的被壓迫者，相反，他們往往是地方社會中的主宰性力量」（同上，頁260）。[49]上述問題仍然有討論的餘地。可以相信的是，發生在同一時期的「動亂」，緣起、訴求本互有不同，宜於作個案研究。

此外我還想到，我們的想像是否過分受限於既有的「名」？歷史生活中從來有模糊地帶。黃氏討論了「『賊』『民』之間」。有諸種「之間」，圖像就不再清晰。色彩繁複，斑駁陸離，想像的空間於是乎擴張。熱衷於「命名」不一定是好習慣，但不命名，又不便言說。知乎此，對於「名」就不必太拘泥，關心應當在不可能為諸「名」所涵蓋的豐富的事實，由「模糊地帶」，由諸「之間」開發自己的想像力。

史學家由歷史人類學的角度研究「動亂」，回答「動亂」與地方社會變遷的關係問題，我所關注的，仍然是士大夫的經驗與反應。兵、賊、盜、虜、義軍，均系士大夫經驗中的「民」，他們在不同情境中面對的「民」，對此「民」的依情境、關係不同的不同指稱。官方文件與士大夫的表述中的「民」，一向語義含混。這個遠非透明的角色，在政治、社會大動盪中，位置最難厘定。「民」在「賊」、「盜」、「虜」、「義軍」、「官軍」任何一方中，又有可能是其中任何一種力量的受害者。反清志士說「民心可用」；下文將談到，他們所遭遇的當面、直接之敵，佃農、家奴、「田賊」、土寇，也正是民。在明清對抗中，乘亂而起之民，是最不確定也最不易控制的因素，亂局中

---

49 該書說，宋代「贛南作亂的首領大多不是貧困農民，而是地方土豪」（頁49）。說在「抗元」這一特殊情勢下，「賊」與「義軍」、「賊」與「民」間的「邊界」模糊不清（參看該書第二章第四節《邊界的模糊：文天祥抗元與「佘賊」》）。該書認為，明清之際贛南的「租佃鬥爭」屬於「經濟鬥爭」（而非「政治鬥爭」），只不過為「易代」中的社會動盪所激化而已（參看該書頁204-213）。

的一大變數。曾參與過抵抗的曾燦,說因「積怨已深」,「民盡是賊」,一旦「寇」到了城下,「不外降則內潰」(《上萬年伯書》,《六松堂集》文集卷一一)。在當時、事後的敘述中,此「民」只能由其與王朝的政治關係以及與士夫的關係而被界定,似乎在其時的對抗中僅具有功能意義。由出諸士大夫之手的「文獻」,沒有可能還原歷史歲月中的民。即使在引入「唯物史觀」之後,不能直接發聲者仍保持著緘默;更何況到了晚近,自居為「代言者」的,對於自己的角色認知也發生了動搖呢。

當面之敵

上個世紀三四十年代興起的明末民變研究通常持農軍立場,有意不將士大夫的感受納入考察範圍。我所面對的更是士大夫的明清之際,士大夫的「易代」經驗,包括了他們經驗中的民變、奴變。所謂「當面之敵」,即取士大夫的角度。其實,史學據以考察的,無不是士大夫的經驗;農戰史、奴變史的大量史料,本來就有可能在另一種旨趣下讀解。對於我的意圖尤有價值的,是其時較有影響(往往也更有見識、更有自覺意識)的士大夫的經驗,較為個人化的、具有某種直接性(即非止得之于傳聞)的、文字間保留有某種現場感的材料。這種材料通常保存在文集中。

同樣經歷了「易代」,最具震撼性的瞬間仍有可能因人而異。對於當時不曾身任軍事的縉紳,那個瞬間或許更在遭遇身邊的「民變」、「奴變」之時。文秉記乙酉年的江南,說「是時叛僕四起,大家鹹救死不暇」(《甲乙事案》卷下,《南明史料》,頁567)。易代中士大夫最當面之敵,不能不是那些識面或不識面的奴僕佃客;較之遠敵,這當面的「反叛」無疑更有衝擊力與破壞性。這也有可能是他們

所經歷的更切身的「易代」。欲知「士大夫在易代之際」，非將其放回到上述情境中，是不能得其實、得其情的。

黃淳耀記甲申後的嘉定民變，最令他刻骨銘心的，不消說是「僕坐堂上，飲啖自若，主跪堂下，搏顙呼號」（《送趙少府還郡詩序》，《陶庵文集》卷一）。平時以為「最相得，最受恩，此時各易面孔為虎狼，老拳惡聲相加」（《研堂見聞雜錄》，《烈皇小識》，頁 274）。[50] 杜濬說甲申、乙酉，他一家住在金陵期間，僮僕叛去，竄入兵籍，「不數日，立馬主人門，舉鞭指畫，放言無忌，以明得意。甚者拔刀斫庭柱，叫呼索酒食，不得則恣意大罵，極快暢，然後馳去」（《癡老僕骨志銘》，《變雅堂遺集》文集卷六）。我所讀到的類似記述，生動無過於此的了真是「打翻在地，再踏上一隻腳」，與毛澤東《湖南農民運動考察報告》中所寫情景何其相似！你還不難注意到，儘管飽受了驚嚇，當著寫這種文字時，杜氏顯然已恢復了優越感以至幽默感，語含揶揄正是一個主子的態度。在主子眼中，那些造反的奴僕、佃客，無不可恨而又可笑。《明季南略》卷四《黟縣僕變》：「乙酉四月，清兵猶未至也，邑之奴僕結十二寨，索家主文書，稍拂其意，即焚殺之，皆雲：『皇帝已換，家主亦應作僕事我輩矣。』主僕俱兄弟相稱。時有嫁娶者，新人皆步行，竟無一人為僮僕」（頁 270）。「家主亦應作僕事我輩」，乃顛倒倫序；卻又「主僕俱兄弟相稱」，由今人看去，不免矛盾。事實是，縱然「僕坐堂上」，「主跪堂下」，顛倒了主奴，也絕對無意於顛覆主／奴這一種社會關係結構。而一旦遭遇了祁彪佳似的嚴厲鎮壓，卻又見「膝行搏顙」，乞求主子的赦免。[51] 反奴

---

50 方以智《桐變》小序，說其時「奴僕多叛其主人寨者」（《方子流寓草》卷五），自說其家「累世修德」，亦不能倖免（同卷《思望》小序）。

51 祁彪佳在處置「叛奴」，確也別出心裁。他將數萬名造反的「奴客」（應指奴僕佃戶）「悉掩獄」，宣稱只赦免那些為主子保釋者，「於是諸奴客家皆膝行搏顙，勾原主赦

為主，易主為奴，不出主奴之間；易卑為尊，也無非人上人下，過一把做主子的癮。

本來「奴」就有種種。有豪奴悍僕（略如朝廷中的權璫），也有所謂的「忠奴」、「義僕」。上文所引杜濬的文字，意在對比，就講了一個義僕的故事（《瘞老僕骨志銘》）。也因此並非所在瓦解，而是有瓦解有較平世更緊密的黏合。傳統的平衡仍在。「天崩地坼」只是士大夫的想像，以至為傳達某種感覺而有意過甚的形容。且主奴間的關係從來都不絕對，奴者主之，主者奴之，每見於記述。「其用事之人，則主人之起居食息，以至於出處語默，無一不受其節制」（《日知錄集釋》卷一三《奴僕》，頁 325）；狐假虎威橫行鄉里者即此輩。謝國楨《明季奴變考》所錄材料，有一則說奴中之任事者，「即得因緣上下，累累起家為富翁」；另一則說，「奴或致富，主利其財，則俟少有過犯，杖而錮之，席捲而去，名曰抄估」（《明清之際黨社運動考》附錄一，頁 212、213）。

但明清易代這樣的關頭，通常確也是清算的時候。有冤報冤，有仇報仇。甲申城陷，陳演因先前曾「責治一僕，僕恨之，遂出首於賊」，遭追比，受刑甚慘（馮夢龍《紳志略》，馮氏輯《甲申紀事》卷二，頁 21）。[52]顧炎武被「世僕」首告，想必也由於宿怨。隆武朝因「租鬥」問題起而圍城的福建莆田農民，近人以之為反清武裝（參看傅衣凌《明清農村社會經濟》，頁 178-179），陳鴻《國朝莆變小乘》

免」（毛奇齡所撰祁氏傳，《祁彪佳集》卷一〇，頁246）。不但為主子們複了仇，且為他們挽回了面子。

52 方以智致書張自烈，說自己「極難時遭奴僕之叛」（《寄張爾公書》，《浮山文集前編》卷八《嶺外稿》中），指的則是甲申之變在京城被家人首告的那檔子事。而據趙士錦《北歸紀》，農軍「令各官投職名，一時長班家人畏禍，迫之出。且有一家匿十家連坐之令，亦無處藏身」（馮氏輯《甲申紀事》附，頁21）。

卻說該地農民不過「借明起義」（參看同書頁 179 注 3）。其時「義軍」多有此「借」，無論所舉為何種旗號，鋒芒所向，無非當地的官府豪紳。至於參與其中的佃客各「思入城快泄其平時之小怨」，「快報其睚眥」（康熙《寧化縣誌》卷七《寇變》，同上，注 6），也是這類「群眾運動」中的常態。士大夫的「舉義」、「建義」，就有可能因了直接面對的威脅固然為了救亡，卻也為了自保。據上引《黟縣僕變》，在「僕變」的威脅下，休甯知縣「邀邑紳飲，痛哭，遂起義」（《明季南略》卷四，頁 271）。黃道周弘光朝出山前的書劄，一再抱怨「盜賊」的「焚掠」，使他不能安於松楸之下。江右的宋之盛也說：「諸生起義甚難，……顧往往蹈難為之、視死如歸者，痛父母之受困盜賊，無成敗捐軀赴之，亦其所也。」（《郭義士傳》，《髻山文鈔》卷上）士大夫自告奮勇地主持、參與的守禦，所「禦」往往也是此輩當面之敵。

　　士大夫中有深遠之慮者，並不局於家族利益。他們由諸種端倪，早已瞥見了秩序大破壞的兇險前兆。顧炎武搜集整理其時「奴告主」的材料，即應出於這種憂慮（見《日知錄之餘》卷二）。[53]發生在其時社會生活中的「下犯上」，自然不止於此。該書所錄「奴告主」要與同卷關於下犯上、卑犯尊的其他各條「卒告將」、「吏告本官」、「小校殺本官」、「妻子告家長」、「吏告前官」等置於同一圖景中看取，才有可能更貼近士大夫當時複雜的倫理經驗和他們的焦慮。呈現在這裡的，的確是一幅社會關係顛覆的圖像。「天地翻覆」、「天崩地坼」，士大夫上述感覺之由來，不也緣於這種秩序的大破壞？在其時士人，倫理秩序的顛倒，是最具根本意義的「顛覆」；對此種世相的敏感，為

---

53 高王淩《租佃關係新論地主、農民和地租》分析了清初江南佃戶以「構訟」為手段，「告訐官長鄉紳」以抗租的現象（參看該書第四章，頁120-121、126）。

儒家之徒所特具，亦其人之為「儒家之徒」的證明。[54]

《明史‧刑法一》：「奴婢不得首主。凡告人者，告人祖父不得指其子孫為證，弟不證兄，妻不證夫，奴婢不證主。」關於主佃，朱熹主張凡系訟獄，首先「論其尊卑上下長幼親疏之分」，然後「聽其曲直之詞」，如「以下犯上，以卑淩尊」，「雖直不佑」（轉引自《李文治集》，頁339）。據說因系婢出，張溥不為宗黨所重，未成名時曾為族人傾陷、強奴欺淩（參看陸世儀《複社紀略》卷二），死後遺屬仍為奴所欺。吳梅村文集中有《清河家法述》一篇，記張溥的門人故交主持懲奴一事。所描述的場面，象徵意義似乎更大於實際意義；不惜用了牛刀殺雞，也是一種「申明」的動作，表明整頓紀綱的意志，決意使上下各複其位。顧炎武的殺「叛僕」，也可看作他對於「顛覆」的一種反應以此申明「主子」身份，甚至「主」之於「僕」生殺的權力。[55]錢謙益《國朝群雄事略》記有元明之際如下故事：元末，嶺南王成等人作亂，何真圍剿，募人能縛王成者給鈔十千。「未幾，成奴縛之以出」，何真如約付鈔，卻以湯鍋烹了那奴，並極力擴大影響，以儆效尤（參看該書卷一四，頁297-298）。何真所為，也無非在「表明整頓紀綱的意志」。

如若將零星的小股造反計算在內，或許可以說，民變、奴變幾乎與有明一代相始終，只不過中葉以降，漸有大爆發的消息罷了。嘉靖間唐順之的奏疏中說，吳淞、定海、蘇州一帶有民變、兵變的苗頭（「民變之漸」、「兵變之漸」），素來怯弱的蘇州人，竟也敢於「燒官

---

54 士大夫的有關經驗，也應當作為明末清初的禮學復興的一部分背景。經學自身的邏輯與歷史情境，很難說什麼是更根源性的。顧炎武發願效法藍田呂氏從事教化，無非教化此種無視禮法之民。

55 顧炎武殺世僕陸恩事，參看謝國楨《明季奴變考》，《明清之際黨社運動考》附錄一，頁231。

寺，劫獄囚」（李開先《荊川唐都禦史傳》，《李開先集·閒居集》，頁 626）。震動一時的，有萬曆間董氏之變，[56] 天啟朝蘇州市民的反奄。由文獻中不難感知上述場面的火爆，參與的民眾不可遏制的激情。蘇州市民顏佩韋等人固然不惜生命，烏程民眾因田賦不均而群聚申訴時，竟一再有人投江以表達憤懣（朱國禎《湧幢小品》卷一四《均田》）。到了死不足畏，離揭竿而起也就不遠了。

主／奴之外，尚有主／佃。文獻對於奴、佃並不嚴格區分。上引文字中的「奴客」，「客」或即佃。事實上奴、佃也往往一致行動，儘管訴求仍互有不同。江右的魏禮說當著變亂發生，「佃戶占租稅，立萬總、千總之號，田主履畝，則露刃相向，執縛索貨賄」（《析產後序》，《魏季子文集》卷七），於是魏氏家道中落。這種主、佃對抗，也可以看作局部的「農戰」。[57]

民變、奴變之于甲申之變，既是原因，又是結果。下抗上加劇了社會衝突，遍及城鄉的動盪正緣此發生，而普遍發生的對抗又賴有社會控制的廢弛以至於「王綱解紐」作為條件。溝口雄三曾提到「社會

---

56 關於董氏之變，以及張漢儒告錢謙益、瞿式耜的疏稿等，見謝國楨《明季奴變考》，《明清之際黨社運動考》附錄一，頁219-222。

57 至於發生在鄉村的主佃之爭的具體形式，近人的有關考察有助於校正「常識的見解」，對於想像本篇所涉時段農村的階級關係也不無啟發性。高王淩《租佃關係新論地主、農民和地租》討論了租佃關係中佃戶對業主的種種反制行為。該書認為，抗租欠租的農民「往往持有一種『抗欠有理論』，他們又享有一定的『資訊優勢』，和對農產品的直接掌控權，這都使農民並非總是處於『弱者』的地位」（第四章，頁130）。「為人們特別重視的武裝鬥爭或暴力反抗，其實並不是農民經常使用的方法，儘管各地幾乎都有這一類事件發生。……日常生活中可以致不成文的『制度修訂』的『靜悄悄』的抗爭，毋寧說具有更為重要的意義和地位。」（同上）「中國農民正是通過這種日常生活中的隱秘行為和軟性的反抗，在表面規定無所更改的情況下，『無形之中』實現了制度的修改。」（第六章，頁195）這裡也涉及了「瞬間」與「日常」，非常時期的非常事件與「正常」狀態。

人心的開明化導致奴變」（《中國前近代思想的演變》中譯本，頁
460）。李文治則以為明代體現於律例的主佃關係，是「封建土地關係
的松解趨勢」（或曰「封建依附關係趨向松解」）的表徵。[58]

　　李文治《晚明民變》定稿於 1944 年秋，正是郭沫若《甲申三百
年祭》發表的那年（參看《李文治集》，頁 21 注）。1930 年代以降對
「農戰」、「民變」、「奴變」的研究，與同一時期進行中的革命（中國
共產黨領導下的「農民戰爭」），與其時推廣中的革命意識形態，自然
有著呼應。學術與社會運動的互動，在 20 世紀上半期的中國，構成
了一道特別的景觀。謝國楨自說他考察明末奴變所帶的三個問題，第
三個問題即「奴變和索賣身契的事，是不是民族階級的運動」（《明季
奴變考》，《明清之際黨社運動考》附錄一，頁 210）。在當時，農
戰、民變、奴變，被不加分析地一概作為「進步」的運動，「推動歷
史發展的動力」。在「進步／反動」的思維框架中，縉紳無疑屬於反
動營壘。同篇所使用的材料，又不能不由士大夫、縉紳提供，因而難
以將上述認識貫徹始終；「刁奴」云云，襲用的不正是縉紳的口吻？
由謝氏此篇的敘述，也不難察知選擇敘述立場、態度之難。將「貧苦
農民」與「刁奴」區分，是謝氏所難以做到的吧。

　　江右的魏禧有《與友人論省刑書》（《魏叔子文集》卷五），其所
謂「省刑」，指處置僮僕不可濫用刑罰。他的那友人也實在暴虐，叔

---

58 李氏認為「這種變化是從明中葉開始的。或謂成化（1465-1487）弘治（1488-
　　1505）年間，『民風轉厚』，那時『少者習於事長』，『賤者亦習於事賤（按應為貴之
　　誤）』。嘉靖（1522-1566）、隆慶（1567-1572）兩朝開始發生變化，萬曆朝更加顯
　　著，如管志道所說，少長尊卑及貴賤等級兩者『蓋至於今二義俱不講矣』」（《論李
　　自成的「均田」綱領口號的時代意義》，《李文治集》，頁341）。在另一處李氏說，
　　到清代前期，「隨著地主紳權衰落，農民地位上升，出現了主佃之間超經濟強制關
　　係的鬆弛化。這種變化，有的地區從明清之際就開始了，而且，隨著農民反抗鬥爭
　　的開展，波及地區愈廣」（《論清代前期的土地佔有關係》，同書，頁217）。

子說其人「走使僮僕妾婢，不均勞逸，不恤饑寒疾苦，意有小失，茶酒之過，笞箠便下，動以十百數不止；剝衣裸形，涕號宛轉，唇鼻沾地塵，涕淚流沫不斷如帶，血射肉飛，裂皮笞骨」；打人打得如此辛苦，那友人卻像是樂此不疲。或者一兩天來一次，甚至一天裡打兩三次。以今人看去是不折不扣的施虐狂。如此「主子」，奴變正難以避免。魏禧在上述書劄中，就說到了「積虐之報」，而以近事近例為警示。

社會關係發生巨大變動之時，士大夫中的有識者主動調整姿態，有改善主奴、主佃關係，善待佃僕的呼籲。我在其他處已經談到過劉宗周門下張履祥、陳確的有關主張。盛行於明清之際的善書，也有類似的勸誡。僅僅將此視為農民「階級鬥爭」的結果，未必不是出於偏見。謝國楨《明季奴變考》引用吳梅村《複社紀略》卷二，說張溥早年受強奴欺侮，與其友人張采發誓報仇。「及戊辰聯捷，作書約同年縉紳禁收投靠家人，吳下薄俗為之一變」；張溥還為提拔一個家僮，不惜得罪其主人，以至引起陸文聲的訐奏，「社事幾為傾覆」。謝國楨說，張溥儘管未必有大規模解放奴僕的計畫，「但是這種獎擢人材，一視同仁的態度，是不可及的」（《明清之際黨社運動考》附錄一，頁219、224）。這或許也是「東林正義派」人士的一個值得注意的取向。[59]

裂變的家族

美國學者司徒琳感到「特異」的是，在晚明，「反叛精神在社會中是那樣喧囂，那樣彌漫」，對抗著的不止于地主／佃戶、家主／奴

---

[59] 溝口雄三認為，「至少在主觀意識中，東林派人士認為基本的對立並不是與佃戶、奴僕之間的對立，而是與國家權力之間的對立」（《中國前近代思想的演變》中譯本，頁485）。

僕,「身份關係的崩潰,甚至出現在同一社會等級之內,例如某些家族或團體的長幼尊卑之間」(《南明史(1644-1662)・引言》中譯本,頁16)。這自然是得自文獻的印象。而其時士大夫「天崩地坼」的感覺,確有可能直接來自身邊、周邊的倫理現實,他們本人的經驗世界中最切身的事件:主奴(僕、佃)的對抗外,即宗族內部關係的崩解。宗族、裡閭,構成了士大夫的日常生活空間。亂世的倫理情境多屬平世的延伸,與「易代」未必有關。然而即平世也時有發生的事件,因在一個特殊時世,置於政權更迭的背景上,人們的感覺仍然會不同家族倫理事件、個人事件因了那背景,儼然成為大事件的構成部分,必由大事件才能讀解似的。國事、家事、天下事,在士大夫的知覺中,區隔並不分明,當此時刻更不免連成了一片。

宗法的破壞,僅由名遺民的遭際也可見一斑。顧炎武的《答再從兄書》如一篇控訴,一連串的「孰使我……者乎」,排山倒海而來,痛切的質問指向家族內部的攘奪、鯨吞、離間、傾陷,真所謂創巨痛深。[60]顧氏的北遊不歸,也因家族不容其歸。另一遺民徐枋,說自己病到了危殆,想囑託後事,而「城中骨肉手足,無一至者」(《居易堂集》卷八《再生記》),只得托諸友人。清初兇險的政治環境中,往往禍起蕭牆。魏禧致書方以智的三個兒子,傳授的就是處此兇險環境的方略。[61]另有些個人事件,只留了蛛絲馬跡在文獻中。黃道周曾移家「避族人之難」(洪思《黃子年譜》,侯真平、婁曾泉《黃道周年譜》,頁4);你不知是何種「難」。傅山致魏裔介(環溪)的書劄,

---

60 其中就有「孰使我遺貲數千金,盡供猂攫,四壁並非己有,一簪不得隨身,絕粒三春,寄餐他氏者乎?」「孰使我諸父宗人,互尋釁隙,四載訟庭,必俟手劃屠而後快者乎?」(《顧亭林詩文集》,頁193)關於顧氏與財產糾紛有關的「家難」,參看趙儷生《顧炎武新傳》(《趙儷生史學論著自選集》,頁331)。

61 參看其《同林確齋與桐城三方書》,《魏叔子文集》卷五。魏禧勸方氏兄弟避地以圖保全;由此書劄看,對於方氏的威脅應當來自「其鄉」的「親戚朋友」。

說到「兩孫孱少，內外眷屬無可緩急者，羅叉外侮，實繁有徒」，請求魏氏「護持」（《遺魏環溪》，《霜紅龕集》卷二三，頁647）；你也不知針對傅家的「外侮」來自何方。這類經驗，表述者往往閃爍其詞，令人難得其詳，比如難以知曉那些衝突關涉經濟利益的程度。當然，怨毒絕不會是「莫名」的。張履祥感歎著「教衰俗敝，遠近同志莫不各有天倫之苦」（《楊園先生全集》卷二四《答吳仲木》，頁675）。在給友人的信中，他抱怨自己的「家邊習氣」，「一曰貪，至於父子兄弟不相顧；一曰很，惟以淩弱暴寡為事」，說自己「所以亟亟思去也」（《與邱季心》，同書卷四，頁106）；另劄則說自己兄弟「年暮兒癡，受侮不少，大都近在族姓」（《與何商隱》，同書卷五，頁141）。他甚至經歷了更為嚴酷的「人倫之變」其女竟被其婿「鴆殺」（參看同書卷九諸劄）。至於錢謙益死後的「家變」，更是哄傳于其時士類間的一大事件。

「家變」即使與「國變」無關，在罹此「變」者，其創痛卻不能不相關。士人確也暗中將個人事件與所處的特殊歷史時刻聯繫起來。「山河破碎」、「風雨飄搖」的感覺，無疑被發生於個人生活中的碎裂，大大地加強了，那裡有混茫一片的家國身世之感。事實卻是，當其時固然有崩解的故事，也有凝聚的故事。如若使用「歷史動盪中的家族」一類題目，即不免受限於自己設置的背景。顧炎武與其「叛奴」間的戲劇，固然賴「易代」作為舞臺；而如錢氏家變，如張履祥女兒被謀害一案，則世不亂也會發生，儘管屬於非常且惡性事件。無論與大事件關係如何，在將上述材料定向搜集並排列之後，確也讓人看到了士大夫倫理處境、倫理經驗的複雜性，「傳統社會」生活中隱晦、陰暗的那一面。下文將談到變與不變、破壞與修復。難以修復的，就應當有宗族、家庭內部關係的裂隙。因而在山河複歸「一統」之後，破碎感仍有可能久久延續。

方死方生

　　「改朝換代」之際的災難記憶，似乎以明清之際最為刻骨銘心固然因了殺戮之慘，也因了士大夫高度自覺的存史的意志。但那一時期仍然有亡有不亡，有局部的死亡與更生，甚至有興建，方生方死，是發生於「社會」巨大肌體的複雜過程。上文只是極其粗略、挂一漏萬地搜索了這一歷史瞬間，多少涉及了有什麼在這一瞬間發生了改變，卻沒有談到有什麼仍然在繼續，以及社會生活中遭遇了破壞的那些部分的重建再生。那一方面的材料尚待梳理。即如孫奇逢的《日譜》[62]，就給你看到了他的生活所依循的慣常的生活軌道，親友往還，詩文酬酢，講學授徒；以及可供想像的未被記入的種種瑣屑的日常行為。對「易代」這一事件所引發震動的振幅的誇大估計，難免掩蔽了日常生活的慣性力量無論俗眾還是文人。這裡可能有政治史、社會生活史的不同視野。由本篇所設角度，它們似乎分別關注破壞、中斷與延續、連續性，歷史生活的不同面相。

　　明清之際「殘破」的，首先是故明的「江山」。謝和耐說元滅宋這一重大事件「對於日常生活亦有著直接的影響」；但可以相信的是，影響的程度，深刻地捲入政治、尤其處於權力中心的士大夫，與普通民眾仍然不同。該書也說，「直至兵臨城下之前，杭州城內的生活仍是一如既往的悠哉閑哉」（《蒙元入侵前夜的中國日常生活》中譯本，頁4），而杭州失陷之後，生活也仍然在原有的軌道上繼續。明清之際亦然。「瞬間」的時間分割不利於「社會生活史」的考察；但即使所能劃分的最小的時間單位，生活的不同樣態的並存也與長時段

---

[62] 據年譜，孫奇逢順治六年南行（傳世的《日譜》即記自此時），次年五月到蘇門，康熙十四年以九十二歲的高齡卒於輝縣，葬于夏峰。蘇門，山名。

的視野所見無異。魏斐德在其《洪業清朝開國史》中引了史可法的家書，其中談到清軍在濟南的殺戮，魏氏說，「奇怪的是雖然這不是無法解釋徐州畫家萬壽祺及其同仁好友竟如此健忘，于當年夏天便聚集北京編撰詩集。清軍撤出關外才三個月，他們就又在京城無憂無慮地聚會狂歡了。」（中譯本，頁125）解釋有可能很簡單：不能想像一個人在三個月裡無時無刻不在沉痛中。金聲生前對其時的社會心理有如下洞察：「亂之始生，人心惶懼；及其既也，目不見而耳習聞，率以為常。甚至目親見而慮不及其身」（《複李年兄》，《金忠節公文集》卷四）這也是常態，其中有常人的生存策略。人的適應、忍耐力似乎是無限的。如此看來，縱然戰時的生活，即使危急關頭、非常時刻，也經不住過於嚴重的想像。

明清之際也有日常，有不變，不待證明。但在我看來，這種角度固然可以豐富對於歷史的想像，卻不便以此貶低動盪、對抗、搏殺的嚴重性，其在歷史生活中的巨大衝擊力。蔣廷黻《中國近代史大綱》中說「17世紀是個大屠殺的世紀」（頁25）。可見血色記憶的深入人心。但大破壞之後、甚至大破壞中就有修復與重建，且用於物質與心理修復的時間並不那麼漫長。這一點給了遺民以刺激，令他們欣慰中夾雜了苦痛。實則他們中的一些人也以其文人積習，參與了生活的重建儘管像是與遺民的心事相違。

梅爾清根據一些零散的材料，試圖還原揚州城由毀滅而重生的過程，卻發現「即便有過關于揚州物質重建方面的記載，這些材料也無一保留下來。通常有關破壞與恢復的材料都隱藏在《府志》不引人注意的位置。有的隱藏在人物傳記中，有的包含在對特定建築的記載中」（《清初揚州文化》中譯本，頁21）；當時的文學作品中，「幾乎缺乏對揚州物質實體的描述」（頁4）。傳統的文學樣式如詩，不免要依其傳統剪裁「生活」，世俗生活內容通常被認為不便入詩而排擯在

外。文人過熟的文體意識，諸種業已形成且僵硬的文體規範，都排斥一部分「生活」的進入，甚至包括被認為私密的書信、日記。物質細節往往找不到容納它們的文體形式。

梅爾清同時發現，「雖然描述揚州『非官方』物質方面的重建材料十分匱乏，但看得出有關奢侈與娛樂的設施恢復得相當快」（《清初揚州文化》中譯本，頁63）。你大可相信，如萬壽祺一流人物的需求，也正是城市「有關奢侈與娛樂的設施」恢復的動力。恢復與重建畢竟證明了一個城市由巨大劫難中振起的力量，社會生活由嚴重破壞中再生的能力，小民頑強的生存意志、強盛的生命力。至於易代中的蠻荒之地，更是破壞與開發齊頭並進，由陳垣《明季滇黔佛教考》中關於僧人在雲南、貴州蹤跡的考察也可以知道。「易代」改寫了這種地區的人文面貌，「文明進程」在政治對抗中深入到了窮鄉僻壤至少點點滴滴留在了該地區的歷史上，影響了那裡的生產方式與物質生活，滲進了其地的文化土壤。

如果你將上述破壞與修復一併納入視野，甲申年三月十九日那個歷史瞬間，由那一瞬間所引發的，是何等的豐富，無可窮盡！

在關於一個歷史瞬間瑣碎嘮叨地敘說了上面的內容之後，我知道自己在所涉及的點上都未及從容地停留。本篇不過由文獻中抽取了若干線索，不成經緯。我相信一定有更富於解釋力的框架，也一定有其重要性不下於上文所引的材料在某處，尚未經人翻查。大量的遺失與遺漏，等待著另一種眼光向塵封中搜尋。

廢園與蕪城

明末士大夫之營園

　　寫明末文人故事，幾乎不能不寫其時的名園，因為許多故事本以大小園林為敷演之所，也賴有這一種特殊的背景而展開。陳寅恪的《柳如是別傳》就寫到了陸氏南園、杞園、三老園、不系園等。祁彪佳說其時越中園亭之盛，「迴廊曲榭，遍於山陰道上」（《越中園亭記》之三，《祁彪佳集》卷八，頁 199）。張岱《陶庵夢憶》、《西湖夢尋》所記，既有作者自家之園，也有其時公認的名園，他本人遊展所經之園。在作者筆下，諸園不但各有面目，且像是各有性情。通常是，園以人名；名士之園，與傖父俗子的園，有品級的區分。

　　陳垣《元西域人華化考》說，「自唐以來，莊園之風極盛，離宮別館，榱棟相望」。到元代，「愛慕華風」的西域人，競相仿效。[1]承此風氣，士大夫熱衷於經營園林，終有明一代。[2]甚至官方機構，也

1　該書還說，「山房之名，宋始有之，大抵為山居讀書之所」，元西域人如馬祖常如余闕，均以山房為名，「而以耕讀相標榜」（卷六，頁120）。趙翼記「元季風雅相尚」（《廿二史劄記》卷三〇）；「風雅」不但見諸詩文，也見之于園林。

2　顧公爕說，「前明縉紳，雖素負清名者，其華屋園亭，佳城南畝，無不攬名勝，連阡陌，推原其故，皆系門生故吏代為經營，非盡出己貲也。」（《消夏閑記摘鈔》卷上《明季縉紳田園之盛》，轉引自謝國楨《明清之際黨社運動考》，頁212）流風所被，即戚繼光這樣的武將，也於軍旅之暇營造亭池（參看《止止堂集·橫槊稿中》所收《重修湯泉乞文敘事》、《九新亭題語》等）。武夫熱衷於經營園林，不止于戚，鄭芝龍就曾購置田地，建亭臺樓閣（參看謝國楨《南明史略》，頁136），危幕累卵，夷然不顧。

從事此不急之務。劉獻廷《廣陽雜記》就說到「南都各部，皆有花園」，「吏部名文園，兵部名園，工部名藏春園，獨禮部無之。後孔玉衡貞毓為宗伯時，亦建園，……」（卷一，頁 43-44）[3]范景文崇禎七年任南京右都禦史，後拜兵部尚書，雖羽書旁午，也仍然不放棄修葺營造，甚至譏笑王世貞當年未能有所「奮築」風氣的力量如此其大！由此看來，南方的建園之風，未必不也由官方推動。當此危急時刻，南京的官員們，竟然以「好整以暇」自得。被目為閑曹的南京官員，遙看京城裡的爭鬥，未必沒有置身局外的慶倖，且有優遊歲月、不為京城「車塵驟渤」所汙的輕鬆當然也未見得沒有一點酸。[4]其時官場中的人物，沒有幾個安於、甘於投閒置散的，否則他們又何苦要拼盡了力氣躋身官府？

布羅岱爾曾寫到16世紀地中海地區的平原。那平原上四處分佈著的貴族領主的城堡，是一些飾有大型紋章的宮殿。到布羅岱爾的時代，仍能看到城堡上的「大小塔樓及其古色古香的側影」。城堡的主人並不常年住在這裡，城堡只是他們的臨時居所（《菲力浦二世時代的地中海和地中海世界》中譯本第一卷，頁 77）。同一時期中國鄉村與城鎮的士大夫園林，自然不如城堡、塔樓的堅固，不具備防禦功能，易遭破壞，它們所呈現的，是富足與閒適，當然，還有園主的教養與品味。

江右的魏禧避亂山中，仍不放棄對園林的癖好，在翠微峰上對他

---

3 朱彝尊說，「古大臣秉國政，往往治園囿於都下」，他對此的解釋是，其人既然「身任天下之重」，「勞則宜有以佚之」（《萬柳堂記》，《曝書亭集》卷六六，頁1051）。恐怕建園的動機沒有如此簡單。

4 《小記》中說：「往時南國承平久，士大夫擢官入白門者，目為仙吏，簿書有暇，輒命觴詠寄傲，或剃荒畦、擴隙壤，遙睇雲嵐煙岫，以資挂笏。從壁上觀蟻鬥，自謂過之，不似車塵驟渤之為樂也。以是六曹皆有園，以供遊憩。」（《範文忠公文集》卷七）

的「勺庭」著意經營。[5]對比友人的貧窶，魏禧自慚其生活的優裕，筆下也仍不掩得意之色，說自己「性好治居室」，「居翠微山中，桃、李、梧桐之花高於屋，高竹成長林，庭中有周軒曲檻，檻前方池二丈，池上有露臺游眺之樂」（《答楊友石書》，《魏叔子文集》卷五）。他甚至由觀畫而得到了想像的滿足，一再說到對泰西畫作上宮室宅第的癡迷，懸掛庭中，「日視之，嘗若欲入而居者」（同書同卷《答曾君有書》；另見卷一二《跋伯兄泰西畫記》）。無獨有偶，崇禎九年盧象昇三十七歲那年，也曾描述了他擬想中的園，他所謂的「紙上園林」（《湄隱園記》，《盧忠肅公集》卷一一）。兩年後，盧氏死於陣前。由那篇「園記」看，即使他能得善終，也並無財力營造園林；他本人也自比邯鄲盧生。那毋寧說是想像的奢侈。卻也可知刻苦自勵的盧象昇，自有對於另一種生活的嚮往。

明中葉的何瑭曾批評當時的「風俗奢僭」，其表徵之一，就是「一宮室台榭之費，至用銀數百兩」（《民財空虛之弊議》，《明經世文編》卷一四四）。歸有光也極言「江南諸郡縣」風俗奢靡，富家豪民，「婦女、玉帛、甲第、田園、音樂，擬于王侯」，歸氏說，人們因此「以江南為富」，不免誤解，「不知其民實貧也」（《送崑山縣令朱侯序》，《震川先生集》卷一一，頁 254）。貧的不止於「民」，也有士夫。許孚遠曾造訪孟化鯉之廬，「見茆屋數椽，書史狼藉其中，歎曰：『孟我疆風味，大江以南未有也。』」（《明史》卷二八三儒林二）

到了大廈將傾的崇禎年間，仍有幾位後來殉明的著名忠臣孜孜于經營自家的園林，由後來的事態看過去不免古怪，至少像是有點不

---

5 其好友彭士望在書劄中對此不無微諷，說禧不免役於物，「器識不遠不大」（《與魏凝叔書》，《樹廬文鈔》卷二）。魏禧也自我解嘲，說所以名「勺庭」，就因了「志小」（《勺庭閒居敘》，《魏叔子文集》外篇，卷二〇）。

智。其中就有倪元璐、祁彪佳。[6]

乾隆間全祖望說倪元璐奉劉宗周、黃道周兩大儒，劉氏「清苦刻厲，有布衣所不堪者」，黃氏亦然，而倪「則頗極園亭池榭之勝，衣雲閣之風流，當時所豔稱」（《明太保倪文正公祠堂碑銘》，《鮚埼亭集》卷二四）。曾與倪氏交遊的黃宗羲，對倪、祁的營園大不以為然，以之為「通人之蔽」，說倪氏治園而竟「以方、程墨調硃砂塗墍牆壁門窗」（按方、程墨皆墨中名品），在三層樓上植竹數千竿，說的就是全祖望所謂的「衣雲閣」。黃氏說，倪元璐殉明之後，自己「再過之，其地已為瓦礫矣」（《思舊錄・倪元璐》，《黃宗羲全集》第1冊，頁343）。在其他處黃氏也談到倪氏、祁氏園林之為「身後之累」（《董太夫人七十壽序》，《黃宗羲全集》第11冊，頁20）。

朱彝尊記倪氏所營園及倪氏心態，刻繪較細，說倪氏該園在紹興府城南隅，園中建築，由倪元璐「手自繪畫」，「巧匠見之束手，既成，始歎其精工」。還說適逢黃道周至越，倪氏「施以錦帷，張燈四照」，黃氏以為艱難時世不宜有此，倪氏卻笑道，自己不過在與黃氏訣別罷了。朱彝尊接下來寫道，倪氏「既北行，遂殉寇難」。[7]這樣敘述，似乎倪氏有意將極盡繁華作為對於斯世的最後回眸自然是事後的一種揣測。不同于黃宗羲，朱彝尊或許更樂於欣賞倪氏當危急時刻的從容裕如，不以興廢介懷的達人高致。全祖望也說倪氏「先世故膏粱，尊人四歷二千石」，其人營園，「亦行乎其素耳。試觀其立朝死

6　與倪、祁同為「忠臣」的瞿式耜，當家居時，「為園於東皋，水石台榭之勝，亦擅絕一時。邑人有『徐家戲子瞿家園』之語，目為『虞山二絕』云」（王應奎《柳南隨筆》卷一，頁23。按徐，徐錫允）。所說即瞿氏的東皋草堂。

7　《靜志居詩話》卷二〇《倪元璐》，頁612。年譜崇禎十年五月，記倪氏「治宅城南之羅紋」，十二月，規模略成（《倪元璐年譜》，頁40）。此所謂「宅」，當為黃宗羲所批評的衣雲閣。同譜記崇禎十一年黃道周曾盤桓于倪氏之「廬」（同書，頁41），應即朱彝尊所記。年譜對於倪氏的治宅營園，像是刻意淡化，避免渲染。

國，何者不同！然後知三先生（按指劉宗周、黃道周、倪元璐）之趨一也」（《明太保倪文正公祠堂碑銘》）。然而如祁彪佳、倪元璐，是否真的不關心親手設計、躬親督造的園林的久暫興廢，誰又說得清楚！

祁彪佳、倪元璐同為明末名臣、廉吏。如下文將要提到的，祁氏居鄉曾在荒年從事賑饑，施粥、施藥，不遺餘力，經營私家園林卻揮金如土，與劉宗周一流刻苦自勵的儒者顯然神情不侔。或許可以認為，祁、倪以營園示人以不廢風雅，不以為做好官就應當茹淡食貧。他們所理解的節操，想必也不以節制物欲為條件，不認為這方面的欲求會成為道德人格之玷。由某種角度看去，明人的「道德嚴格主義」與名士風流，後者的確也充當了前者的調劑與補償。[8]

王夫之論《詩》鄭風，說治民者欲使民「不淫」，應當豐裕其生，是一種非同尋常的思路。他說「先王審情之變，以夙防之，欲嗇其情，必豐其生」，還說「善治民者，廣生以息民」（《詩廣傳》，《船山全書》第 3 冊，頁 351）。「豐」或許偏重於物質性，「廣」就不限於物質了。「寬裕」是一種人生境界，王氏對此理解甚深。這裡也有關於物質生活狀況影響於人的心性、影響於民風的一種解釋，決非腐儒所能知。不將「貧」詩意化，不將貧作為達成德行（以及使民風淳厚）的條件，又是王氏的一貫思路。

8　魯王監國，張肯堂避地舟山，也仍然有興致「多樹梨花，作亭其間」（《鹿樵紀聞》卷中，《揚州十日記》，頁147），即所謂「雪交亭」，並不因危在旦夕而苟且。徐鼒《小腆紀年附考》引張肯堂《寓生居記》。張氏該文自記其於戎馬倥傯中葺治池台，以及為此的自咎（卷一六，頁623）。永曆朝瞿式耜也曾在桂林「築室仿虞山東皋水竹之勝」，即曰「小東皋」（《鹿樵紀聞》卷下，《揚州十日記》，頁174-175）。

祁彪佳與他的寓園

祁彪佳明亡前夕的經營園林，由傳世的日記（即《祁忠敏公日記》）看，[9]真可謂「癡絕」。

很可能是，當崇禎八年辭官南歸之時，祁氏即已動念經營寓山。是年的日記記七月二十四日，聽說劉宗周召自己「共商其出處之節」，而自己表示有「入山」之志，「將終身焉」；八月初六抵寓山，「頗有蔔築之興」；九月初六日，登寓山，「有結廬之志」；十月二十一日，「放舟寓山，登其巔，畫蔔築之規制」；同月二十七日，即記「同內子卜築於寓山」（《歸南快錄》）。次年的日記《居林適筆》，小引說最初並沒有大計畫，「不過山巔數椽」，後來就有點身不由己，「構置彌廣，經營彌密，意匠心師，每至形諸夢寐」（《居林適筆引》）。

寓園興築的過程，在日記中記述相當完整。你由日記知道，「卜築」時祁氏正參與白馬山陶石樑主持的講會；還知道崇禎九年正月十六日，祁氏聽到了「流寇已渡長江」的傳聞，「相顧躊躇」；而次日卻仍然到寓山，「壘石成峰」，說「觀者幾不能辨真偽」，得意的神情在文字間。二十日，則與其兄至寓山，「搜剔山中有古石奇峭者，不覺撫掌稱快」，興致甚高。這年工程大段告竣，此後續有興作，興致不稍減，「督率工匠」，至「不停瞬，不住足」（《山居拙錄》，十年正月二十九日），精益求精，正如文人之于詩文。祁氏自撰的《寓山注》，逐一介紹寓園的主要景點，其意境之佳、構思之妙。其中《約室》一篇，說自己「無端有開園之舉，初亦以一軒一堂已耳，後漸廣之，情

9　《祁忠敏公日記》由崇禎四年七月底，至弘光元年閏六月初四，依年月日編排，每年各有標題。以下徵引，即列該年標題而省略《祁忠敏公日記》字樣。

以境移，心隨物轉」，一發而不可收（《祁彪佳集》，頁 162）；說其時興致之高，「勃不可遏」，「極慮窮思，形諸夢寐」（《寓山注》，同上，頁 150）。祁彪佳顯然將寓園作為了自己的作品，且是晚年的得意之作。他對每一細部都刻意經營，精雕細鏤，用心之細，用力之勤，的確可以比之于文人的推敲文字。其中若干設施（如所謂的「瓶隱」），規制出於巧思，更是得意之作的得意之筆。

這段時間裡，祁氏一面致書詢問「都門近狀」、「流賊」蹤跡，一面力圖「釐革」地方弊政，商議禦「賊」之策，寓山的工程卻絲毫沒有停止之意。即如九年八月初三日，「閱邸報，知奴虜合逞，聲息頗亟」。次日即「至山督工役」。對此卻又不無自責。九年二月十一日，記王朝式（金如）對自己的規戒，「切中膏肓，令人通身汗下」。次日曉起，「稽首于金如，謝其教言，自茲稱先生，執弟子禮。」十年二月二十日又記王氏指摘其「負君、負親、負己」，自己不能諫止，則是「負友」。祁氏的反應則是，次日就買屋構堂，「名四負堂，以志吾過」。為了「志過」而竟然再構一堂！承認自己「負君、負親、負己、負友」，似乎對營構寓園自責太過，而由《寓山注·四負堂》看，祁氏正得意於此作，何嘗真的有什麼悔意！就這樣一邊自責，一邊興築不已。[10]一個堅毅果決（甚至果於誅殺）的官僚，孜孜于尋求

---

10 十年五月初五日，記深愧「立志不堅，不能拔出嗜欲」。十一年正月初七日，記拜佛禮懺，「作疏以土木頻興、定省有缺，深致懺悔之意」（《自鑒錄》）。《自鑒錄小引》「自鑒」其「蔔築不已，良友之規箴不能從」，「締構新居，以有用精神埋沒於竹頭木屑」。是年構樓建屋，「暇則督率運諸磚瓦」（九月二十八日），未必不樂於忙那些「竹頭木屑」。十二年的日記《棄錄》，《小引》說「碌碌土木，迄無已時。自去年之冬至此歲之夏，凡十閱月，皆以建室拮据，不遑朝夕」；而「自此歲之秋，以迄于冬，蔔築寓山，盡罄床頭之費」，說自己「愧而不悔，悔而不改」。該年正月初一日，記自己「詣族中賀歲，見吾族貧窘之狀，因歎予輩居室園亭，種種溢分，亟更思賑贍之舉」。十三年正月十五日，記「甚以土木頻興為悔」（《感慕錄》）。直至十六年，日記中仍有類似記述。該年十一月初十日「至族，問一切尊長昆弟子侄

入道之途，始終關心民瘼，對於拯饑濟溺挺身擔當，經營起園林來，卻無異于其時的名士，衝動之強烈，不可抑制，即使由近人看去，也略近於病態的吧。換一個角度也可以想到，至少當這個時候，祁氏對未來的生活還相當樂觀。

上文已經說到倪元璐對他園中的建築，「手自繪畫」，「巧匠見之束手」。祁氏、倪氏的園林，均由他們親自設計。祁氏還將其「設計思想」形諸文字（即《寓山注》），可見精力的不吝投注，心思運用的細密。說那是他們最富創意的作品，誰曰不然！倪、祁營園中的設計興趣，與其時士大夫制器（尤其火器、戰車）的興趣，可以在同一視野中看取。他們在此種活動中，都顯示了為「設計」所需要的空間想像力。在這過程中，對技術、技藝的傳統偏見，未必不暗中轉移。寓園不如說是祁氏與園林專家、工匠合作的結果。他甚至於「督視工役」外，偶爾也「躬荷畚插」（十年六月初一日），「手為種植」（十一年十月十六日，《自鑒錄》）。

十五年十一月祁氏動身北上赴任，途中仍不忘作書「叮囑寓園，尤惓惓焉」（《壬午日曆》）。據他自己的記述，即使在此危急時刻，在險象頻生的路途中，他也仍然隨時遊園，正像其時的名士。[11]在祁彪佳，故鄉與園林，是二而一的。身在京城的祁氏，有了閒暇就遊園，遊園即不免要引動鄉愁。坐在方以智的書室，「觀桃花已開，不勝故

輩，見其蕭條之狀，甚為惻然，因思園亭之樂，大為過分，欲以贍族增充用補予過。」（《癸未日曆》）同年十二月初二日，記僧人三宜以其構園「相規」，「作書辨之」。

11 祁氏不但好游且精於鑒賞。經營寓園前及興築期間的日記中，頗有遊園的記述。其《越中園亭記》對其時家鄉名園，踏勘殆遍，一一點評，務窮其妙，可以想見他本人的營構園亭，有諸多參照，規制取境，必先已爛熟於心。臺灣學者曹淑娟《流變中的書寫祁彪佳與寓山園林論述》說同一時期的祁氏，不但有「辟建園林與參訪園林的雙重行動」，且有園林書寫的展開（頁334）。

鄉之思」(《癸未日曆》,十六年二月十七日)。偶爾在別人的園中見到
大堤植柳,以為「儼有江南風」(同月二十日)。「盤桓德勝橋,觀流
水稻田」,也以為「儼然江南風味」(六月初五日)。第二年八月南
歸,抵家後就繼續經營寓園,構室,造莊(即豐莊),樂此不疲。因
「蔔築乏資」,竟不惜「邀族叔傾銷銀盃數事」(十一月十八日)。由
日記看,寓園初成,祁氏幾於無日不至,坐臥其中對自家園林的迷戀
有如此之甚。

　　寓園也如當時的其他名園,至少在一年中的特定時間,開放而為
與細民共用的遊樂之所。這固然循了慣例,卻也應當與園主人的理念
有關。祁彪佳有《寓山士女春遊曲》(《祁彪佳集》卷九)。《寓山注‧
踏香堤》也提到「春來士女連袂踏歌」(同書卷七,頁153)。日記記
有十一年四月十一日,得張岱所作《寓山士女春遊曲》。張岱該詩有
「春郊漆漆天未曙,遊人都向寓山去」、「今見名園走士女,遝來連至
多如許」、「誰使四方同此地,園中主人得無意」等句(《張岱詩文
集》,頁45,上海古籍出版社,1991)。卻也有不勝其煩擾的時候。
「因女士游觀甚眾,午後即歸」(九年十月初六日);「士女駢闐,喧
聲如市」(十年正月十五日);有時不得不避之某庵中(同年二月初七
日)。因了這種煩擾,偶爾也會「甚有悔恨蔔築之意」(同月二十九
日)。

　　寓園的設計將農夫的耕作作為園林景觀的一部分,當然不是基於
經濟方面的考量,而是出於觀賞的需要。[12]祁彪佳說其父所構之曲水園
「居然城市山林」(《越中園亭記》之二,《祁彪佳集》卷八,頁188);
記躍雷館,曰「遊者忘其城市矣」(同上);說文漪園,「入門忘其為

---

12 曹淑娟《流變中的書寫祁彪佳與寓山園林論述》:「寓山園林中包括豐莊、幽圃等農
　　作經濟園區,是它的一大特色,也是時人評論祁彪佳與寓園時往往特別著意之處」
　　(頁278)。

城市」（同上，頁191）無非在城市而有山居、鄉居之樂。在士大夫
的想像中，田與園本不可分，田父野老，亦如亭榭樓臺，乃景中畫中
之一物。因而在寓園中，「幽圃」、「抱甕小憩」、「豐莊」之屬，象徵
意義固大於「實際意義」。崇禎九年二月二十五日的日記中，就記有
「至寓山，同野老步行田陌間，見平疇如繡，因識田家之樂」。在祁
氏的解釋中，象徵意義包括了勸農、恤農、憫農，以及「學稼學
圃」。其中「抱甕小憩」，據他說乃憐「莊奴」「暴炎日中」而設（《寓
山注》），由後人尤其今人看去不無諷刺意味，在祁氏，毋寧說正是本
色，合於他的一貫作風，且未必不包含了奢侈生活中的心理補償他的
確是心心念念著「民間疾苦」的，儘管絕不會因此而想到放遣奴僕，
解除其人身依附。

　　祁氏顯然以為經營園林與拯饑濟溺以及修身講道，並無扞格抵
牾。日記中的祁彪佳，隨時周濟著貧窶的族人鄉鄰。即如崇禎八年十
二月二十四日「駕小舟詣近村，凡貧窶者，人給以錢米」。其時風雨
大作，衣盡沾濕，同行者說何必這樣自苦，祁氏回答：「彼饑無食，
寒無衣，其苦不百予乎？」十五年二月二十四日，因連日霪雨，想到
村族中必多饑餓者，「乃舉應贍之家，每口給米二升」。年終歲末，照
例要贍族濟貧，且躬親從事。他曾不辭辛勞，與妻子「駕舟至各村；
給貧家贍米」（十年十二月二十七日）；不但自己示範，且希望能影響
他人（十二年十一月二十八日，十二月二十一、二十三日）。即使到
了乙酉年五月下旬，祁氏已決計避地入山，也不曾忽略「贍村」、「贍
山鄰」（二十九日日記）。自己所乘馬「有誤傷人田禾者，亟以銀償
之」（同月三十日）。直至六月初十日，還「更定贍族約」（前此曾作
《贍村緣起》）；二十九日，仍在與人商議「平糶」，「發贍村之告
白」。而此時距他的自沉，不過幾日。寓園在亂世能得保全，與祁氏
處宗族、鄉鄰的方式，應當有關的吧。

　　祁氏對寓園的營構，畢竟在極為動盪的時世。崇禎八年即寓山開
工的那年，年初高迎祥、張獻忠等部破鳳陽，焚皇陵，明廷震動；九
年，李自成軍克和州，陳兵逼江浦，南京騷然；清軍一度入昌平喜峰
口。這年七月，孫奇逢參與容城守禦；同月，定興城破，鹿善繼為清
兵所殺；十年，清兵陷皮島；十一年入牆子嶺，京師戒嚴；這年秋
天，孫奇逢與諸友避地五峰山；十一月，高陽陷落，孫承宗闔門殉
難；十二月，盧象昇兵敗于钜鹿，死亂軍中。而上文已經說過，崇禎
八年到十年，寓山的工程正緊鑼密鼓地進行；十年、十一年，倪元璐
則在經營他的園林。據年譜，每遇月夕，倪氏「輒留連庭除，倦或倚
石小眠，複起歎曰：『一年幾回月，有月幾回明。』意氣閑遠，悠然
莫及」（《倪元璐年譜》，頁 41）。本書前一篇已談到了南／北。由此
看來，「同一時刻裡」的南方與北方，的確不像在同一世界。時間差
造成了個人歷史間豐富的差異；這豐富性往往掩蔽在了「大敘事」
下，殘留在文獻中的碎片尚待搜尋。

　　祁彪佳豈能察覺不到局勢的動盪。十一年十月二十一日，他「聞
虜警圍密雲」；次日，「又聞虜信已薄近畿」；同月二十九日，「知荊襄
賊勢甚急」；十一月初六日，聽說「流賊造舟荊楚，其勢甚盛」；而次
日的日記即有「前編竹為籬，下種黃花，真堪元亮醉倒」云云。看來
關於時局的壞消息，不足以敗壞祁氏的興致。同日還記有聽別人說顧
某舉自己「邊才」，「殊出意表，然不以易予山水之興也」。由事後看
過去，難免想到危幕累卵之類，活在當時的人們，未必這樣感受，似
乎隨時在刀鋒上行走。但憂慮是難免的。同月二十日，「閱邸報，知
虜信頗緊，心甚憂之」；十二年正月十九日，「聞虜騎南迫，深為憂
之」。這年二月十四日的日記，記了因時事而與劉宗周、管志道等人
商應對之策，說「劉先生忠憤見於顏面，欲以公書促撫軍入援」，他
自己則主張為「桑梓之防」。這一時期的祁氏很讀了些與城守有關的

書，以及《武備志》、《武編》等，撰寫了《鄉兵議》。由崇禎十二年
的日記《棄錄》到十四年的《小抹錄》，都有輯錄城守、禦寇方面文
獻的記述。

祁氏裡居，絕非如他自己所說「杜濬門不預戶外事」（《己卯棄錄
小引》）。他不但干預時政，積極主持、參與宗族事務，還親自處理當
地的保甲事宜。崇禎十四年的日記題作「小抹」，指的是救荒。《小抹
錄》中的祁彪佳，邊閱讀、整理有關救荒的文獻，邊實際從事賑濟，
自那年的正月到七月，殫精竭慮。「小抹」尚且如此，何況「大抹」！
此後他的毅然一出，亦勢所必至，且一旦決定，即萬難而不避。

「小抹」期間，寓山較少在日記中出現，祁氏的生活狀態、心境
也像是為之一變。其間偶爾在倪元璐處「傳觴聞樂」，他竟「深悔之」
（四月初五日）。與人談起時局，「不覺慘戚欲涕」（同月初十日）。卻
也曾忙裡偷閒，臥月賞花。八月初，賑饑施藥的事告一段落，他的生
活也就回復故道。這年十月下旬、十一月中下旬，兩度出遊，漸漸恢
復了閒逸的心境。營園之外，繼續尋幽探勝，訪客會友，舉酌演戲，
分韻賦詩，讀經禮佛，無異于其他文人。

祁氏循環往復的「營構—自悔、自責」，難免使閱讀他的日記者
生厭，尤其在他崇禎十五年歲末由京城回到寓山之後。距甲申北京陷
落如是之近，浙東受到的威脅也日甚一日，日記中的祁彪佳對於「禦
寇」，竟不如對壘石植木更關心、熱心，實在有點匪夷所思。對此可
以有不同的解釋，比如當危急關頭的從容鎮定；比如至死不放棄的
「對生活的熱愛」。還有一種可能，即因了並不鄰近戰地，資訊的不
完全，對未來尚有別種想像，比如指望江南的抵抗支撐較多時日；再
如，即使清軍佔領了江南，也仍有可能以寓園為終隱之地。在親友的
一片指摘聲中，祁氏對營園不顧一切的堅持，「癖嗜」之外，確也像
是另有動力。

　　釋澹歸（即金堡）記吳之振於板蕩之際經營園林，說當其時「邑人倉卒奔避」，吳氏卻「夷然若無所聞，指畫精審，尺寸不失」，自己正由此「見其識定而量遠」（《吳孟舉詩集序》，《徧行堂集》卷三）。在我想來，吳氏的淡定，也應因了尚有餘裕。馮其庸、葉君遠《吳梅村年譜》記甲申年五月初，吳偉業「聞國變訊，號慟欲自縊，為家人所阻」（頁135）。而那年的正月，他還在經營梅村，想必心情閒逸。[13]由於地域的分割、資訊傳輸的遲滯，不同於身臨其境者，難以產生迫在眉睫的緊張，這一點固然不是「資訊時代」的人們所能體會，也非前資訊時代、卻身在事局中的人所能充分體會。即使黃宗羲，對倪、祁的營園有事後的批評，也未見得不是出於後見之明。他自己的熱衷於聚書，不也會被人認為「身後之累」？

　　其實祁彪佳、倪元璐何嘗真有那樣糊塗！祁氏甲申年歲末還山後，發現其父所建的密園已「多見頹敗，竹木亦殘毀，為之感歎」（《乙酉日曆》正月初五日）。《寓山注》注寓園的「讀《易》居」，說因「家世受《易》」，自己雖不能解《易》理，「於盈虛消息之道，則若有微窺」，明白「成毀之數，天地不免」，自家園林亦不能外（《祁彪佳集》卷七，頁152）。儘管是濫調，說者未必不認真。[14]他說「所樂在此不在彼」（同上），倘若「此」指及身的享用，「彼」就應當指長久地守護、保有。寓山別業大致建成後，祁氏享用自己的這作品不過四五年。倪元璐也於十五年冬，「募健丁數百騎，夾馳入京師」（《甲申傳信錄》卷三，頁40），且一去不回。吳應箕將自己的園題名曰「暫」，以為園不必有，更不必久（《樓山堂集》卷一七《暫園

---

13 馮其庸、葉君遠《吳梅村年譜》，頁135。關於梅村，參看同書，頁136-138注1。據同譜，吳氏經營梅村費時頗長，舊學庵建成在明亡之前，鹿樵溪舍建成乃在順治十四年。吳氏經營的，是一份生活，一段人生，賦予的意義想必有因時的變易。

14 大致自崇禎九年到十三年，倪元璐著《兒易》。

記》），何其灑落。[15]張岱說「四明縉紳，田宅及其子，園亭及其身，平泉木石，多暮楚朝秦，故園亭亦聊且為之，如傳舍衙署焉」（《陶庵夢憶．日月潮》，頁4），可知其「暫」。上文所引范景文也說，「余往昔家居為且園，石腳松根，草略佈置」，以為所營之園「豈必盡崇構盛飾哉」！一「且」一「暫」，思路未必不相通。無論吳應箕、范景文還是四明縉紳，當興造之時，對「平泉木石」未來命運的預測已包含在了設計中。在那年代，癖嗜而能于必要時放棄、割捨，不為此「物」所累，確也被作為一種境界。有癖嗜，才能執著，有生命的深；必要時斷然放棄，超越世俗得失利害，也才有可能追求更高的意義之境。

祁氏崇禎十五年由京城返回浙東後，遲遲不肯赴任，拖到甲申年三月下旬才勉強動身，行前「周視山中諸亭樹，戀戀不忍釋」（《甲申日曆》，三月二十五日），途中還「誡諭寓園灌園者」（四月十三日）。弘光朝他曾以都察院右僉都禦史巡撫蘇、松，在極度混亂中度過了一段日子。他在書劄中對岳父說自己「勞苦萬狀」，「因過於勞劇，七月間幾成怔忡」（《寄外舅商等軒先生書》，《祁彪佳集》卷三，頁55）。當著那年歲末由弘光朝脫身，九年前動工營造的這個園子，為他提供了理想的休憩之地。《甲申日曆》說「及暮抵寓山，故鄉魚鳥，俱來親人」（十二月二十五日），欣喜、快慰之情滿溢紙上。不是較為抽象的「故鄉」、「故園」，而是這寓山，使他由紛亂中安頓下來，重又找回了家居生活的安適與寧靜。也是這片園林備極體貼地伴他度過了生命中最後一段歲月，直到乙酉年的閏六月。

祁彪佳陶醉地享用著他的寓園，且在園中續有營建，壘石構堂，

---

15 據劉世珩編《吳先生年譜》，崇禎八年乙亥，吳應箕家居，「自癸酉葺園于舊宅萬山中，至是始成，自題曰『暫園』」，即以吳氏《暫園記》系於是年。

刻不容緩。乙酉年正月十二日記記與友人賞雪,「晚懸燈梅花樹上,雪光共月光相映」。同月二十八日:「率莊奴及石工壘石梅坡,種薔薇於幽圃」,說「梅花至是始發香,頗有悠然之趣」。他往往躬親督工役,「以此為樂」(二月十七日);自說「時時置身香雪中」(二月初八日);見「諸氏園亭已荒落」(二月初十日),黯然而又不無慶倖,不但無意將工程停下來,且不惜「熔銀盃為修園之費」(二月初二日)。因而《乙酉日曆》所記,不但與其時的北方,且與他本人的上一年,都不像在同一世界:不但可以用來證明明清易代中南北之不同,且讓人看到同在南部中國、且同一人,狀態的因時因地因情境之變。縱然在易代中士大夫的生活也不曾失去豐富性,由這裡不也可以得一例證?

在營園這一事業上,祁氏堪稱「完美主義者」。當清兵進逼,祁氏籌畫著避地,寓山的興作也仍未停止,改築重建增設,對既有設施一再「刪改」,務求了無缺憾,正如文人對文稿的反復修訂。儘管這時的密園、寓山,已成避難之所,卜居者紛至。他似乎迫切地要完成這部作品;置於其時的背景上,你由此甚至讀出了一種悲壯的激情。當著死亡臨近,祁氏所營造的,更像是天國的花園。乙酉五月十日夜,福王由南京出逃;五月十五日,清豫王多鐸進入南京。祁彪佳日記中關於修整寓園的最後的記述,在六月初二日,那天還與人「芟竹於後圃」。

做出自殺的決定之後,祁氏與幾個親友來到寓園。關於祁氏的傳記文字,對於那個夜晚都有記述。其弟祁熊佳所撰《行實》,說其人弘光朝辭官回鄉後,「自分一死,預為檞置之山中」(《祁彪佳集》卷一,頁239)。早辦一死,是當時忠臣傳狀中的套話,似乎非如此不足以言「忠」。在祁氏,棺木可能早已備辦,卻未必只為自己準備了這一條路。至少可以相信,在赴水前的一段時間裡,他並沒有將身殉作為僅有的選項。他對自己易代後的人生另有設計。由文集看,他本

人曾說過欲終老於寓園（《葺築寓山聞何芝田開果園奉寄》，同書卷九，頁 221）；所作《水龍吟・寓山閒話》也說「山翁問我行藏，一丘一壑吾將老」（同書，頁 230）。可以生而生，可以死而死（《列子・力命篇》）。情況可能是，到了清當局逼迫他由藏身之處走出，他才最終決定了放棄寓園（也即放棄生命）。這樣一來，雖寓園為了生而建，卻終於成了死地也仍然合于祁氏立身行事的邏輯。燭光，靜夜，柳樹之陰。[16]關於祁氏自沉的記述都強調了他死的方式的優雅，即死而不破壞美感。祁氏本人未見得沒有想到這一層，否則他也許會選擇其他地點了卻此生。由這最後一幕看去，經營寓山，對於他確也像是意義重大。

　　《年譜》記臨終當晚祁氏到寓山，登「四負堂」，回頭對兒子說：「爾翁無大失德，惟耽泉石，多營土木耳」；當年文天祥臨終囑咐以所居文山為寺，「吾欲效之，汝當成吾志」，應據祁熊佳所撰《行實》及杜春生所輯《遺事》（均見《祁彪佳集》）。張岱的敘述微有出入。《石匱書後集》祁彪佳傳，記祁氏說自己有「耽泉石，多營構」之過，「捐此堂，棲禪侶」也為了懺過（卷三六，頁 218）。寓山原有僧庵。由日記看，祁氏生前有濃厚的佛學興趣，且頗有方外交，經常出入寺院，同衲子禮佛，聽僧人說法。崇禎八年由京城南歸，曾「靜坐小齋，掃除一室，供達摩、觀音、彌勒諸像，時時持佛號」，欲「稍攝紛馳之心」（十一月初五日）。他熱衷於佛門儀式，「作課念佛」，儼然居士。自說曾與名僧數輩坐對，「或聽唄梵潮生，鐸鈴風動，令人心神俱寂」（《寓山注・靜者軒》，《祁彪佳集》，頁 163）。甚至推動整理「佛門規則」，以「護法」自任，可見與佛門關係之深。其時的名僧邇密、三宜、無跡等人常在寓園盤桓，講經說法，密雲還

---

16 徐芳烈《浙東紀略》曰其「投於寓園放生池柳樹之陰」（《崇禎長編》，頁162）。

曾在園中小住。在祁氏，與僧人研討佛經、請教佛理，與推究心性之學似並行不悖。[17]

但祁氏仿效文天祥的以山為寺，也應當出於極現實的計慮。元明間的陶宗儀記某園主人構亭水心，「瀟灑莫比」，有人欲以其事告官，園主人「亟塑三教像於中」，名之曰「三教堂」，以此保全了該園（《南村輟耕錄》卷二六《浙西園苑》，頁329）。道光十九年阮元再跋李斗的《揚州畫舫錄》，說書中的樓臺園館，僧守者尚在，「凡商家園丁管者多廢」，可知寺院于保全園林方面的貢獻。誰說文天祥、祁彪佳、冒襄的請僧人入駐自家園林，不也出於保全的一念呢。[18]祁氏的夫人商景蘭詩作中有《喜谷虛師住密園》一首（《祁彪佳集》附錄《商夫人錦囊集》），另有《訴衷情·雪夜懷女僧穀虛》，可以推想夫婦間的心意相通。至於黃宗羲說祁氏身後寓園有「浮屠竄處」（《董太夫人七十壽序》，《黃宗羲全集》第11冊，頁20），多半出於成見的吧。

據高彥頤的《閨塾師明末清初江南的才女文化》，祁氏身後寓園未即廢，且依然是祁家的遊宴之地。商景蘭與家族中的其他人物繼續利用著祁氏精心設計、督造的那一帶園亭。商氏本人有《春日寓山觀梅》、《寓園》、《寓山看芙蓉》、《蔔運算元·春日寓山看花》等詩作，《燭影搖紅·詠堂憶舊》中「歌聲撩亂，環珮玎璫，繁華未斷」（《祁彪佳集》附錄《商夫人錦囊集》，頁288）云云，正以園林的依舊「繁華」，映襯自己內心的淒涼。據《年譜》胡蕃跋，寓山、密園至少到1657年，「芳馨未歇」。甚至道光十七年龔沅的跋中尚有「寓山

---

17 崇禎九年四月初五日，記與陶石樑「究心學之旨，陶以靜參相勉」。十年二月十八日，「與無跡師閱《楞嚴》，證清淨本然，忽生大地山河義」。

18 冒襄順治十二年撰《水繪庵約言》，說自己將水繪園改作僧舍，曰「園易為庵，庵歸僧主。我來是客，靜聽鐘鼓」（《巢民文集》卷五）。

不改，密園垂四負之顏」云云。看來情況是，縱然有祁六公子班孫的長流甯古塔，澹生堂藏書的散失，這個家族在一段時間裡，仍然維持了上流社會的生活方式。至少當商氏在世其間，寓園應當無恙的吧。[19]寓園「廢」於何時，對於本篇不那麼重要，重要的是未即廢。在大破壞中，即使暫時的保全也需要理由。寓園的未即廢，既應當由於僧人的保護，祁氏遺屬的努力，也未必不托庇于祁氏的亡靈：這樣一個廣受愛戴的人物，足以贏得清初當道的敬重。但忠臣身後，也未必都如此幸運。朱彝尊《靜志居詩話》就說倪元璐所建閣，「順治初尚存」，「今已鞠為荒草矣」（卷二《倪元璐》，頁 612）。朱氏另有《偕謝晉、吳慶楨登倪尚書衣雲閣》一詩，中有「十餘年間亭已壞，遊客經過增感慨」等句（《曝書亭集》卷三，頁 38）。

本篇以「廢園與蕪城」為題，卻花費了大量篇幅于祁氏的經營寓園，多少也因了對祁氏日記的興趣：日記作為「材料」的可能性，它在何種意義上提供了據以想像明亡前夜士大夫生活（包括想像士人間的南北差異）的線索。以此種興趣讀這份日記，自然又因了已知祁氏在明末政治中的姿態，他的作為著名忠臣的身份；令人難免預先認定了「日常生活」（這裡不免將「日記」等同於「日常」）中的祁彪佳，不可能不隨時與時局有關。正是由「最後一幕」看過去，祁氏始於崇禎八年的對寓園的經營亦其人「晚年」的一項重大活動置於時局的背景上，意義見出了曖昧。

你仍然不便過於信任日記這種據說「私密」的文體。日記從來是記所欲記，不足以據此判斷「真相」、「實況」，只不過為瞭解「真

---

19 商氏生於萬曆三十三年（西元1605年），應卒於1675年左右。至於劉佘《寓園》中「殘碑臥草荒煙合，古木平崖夜雨生」（曹淑娟《流變中的書寫祁彪佳與寓山園林論述》所引，見該書頁385），未知是否實寫。《鮚埼亭集》外編卷二〇《曠亭記》記祁彪佳之父的曠園，說祁班孫戍遼，「曠園之盛，自此衰歇，今且陵夷殆盡，書卷無一存者，並池榭皆為灌莽」。

相」、「實況」提供了線索而已。任何一種文體（即使如日記這樣的理應更「個人化」的文體）都有其規範。當然，有所不寫未必只是格於規範，還有其他種種可能。在利用日記這種材料時，較之作者寫了什麼，你不妨更關心不寫什麼，尤其刻意不寫的是什麼。這當然很費猜詳，且不易達成「判斷」、「結論」。即如意識到「最後時刻」的可能臨近，與繼續興致勃勃地營造寓山園林之間，有些什麼樣的思緒、念頭被回避了。我在本書的以下篇章還將談到，中國的士大夫如祁彪佳，記日記的當時就難免會想到日後可能的刊刻行世，不可能無所戒備。在書信、日記久已作為著述之一體之後，任一文人當下筆之時，都不可能不預想到這一點。

因所記簡略，性質上像是不可相容的活動生硬地並置、對接，使日記中祁彪佳的「日常生活」內容駁雜而對比刺目，似乎時而與人商議守禦，時而悠然地弈棋品茗修飾園亭。這自然更是日記的書寫方式所造成的印象。如上文所說，我在閱讀祁氏甲申、乙酉兩年間的「日曆」時，注意的不免更是涉及時局的文字，與有關「私人生活」的記述，試圖在想像中將二者置於同一畫面，推想二者在祁氏此一時段生活中的關係。在我們的想像中，這二者儘管處於兩端、通常被分別用了「公」、「私」指稱，私領域卻不能不在「時局」的籠蓋之下，而「日曆」卻讓我們看到了其間的縫隙當著與友人、與親人、與親人中尤親的妻子相處，「時局」並不隨時在場。你由文字間感染了祁氏的一份單純的喜悅，面對他園中的花木，面對他精心設計的亭榭樓閣。而由甲申到乙酉，祁氏的生活狀態差異之大，也有可能據此而得到一點解釋。甲申之變後弘光朝那個精明強幹而又刻苦自勵的官員，也正是乙酉年時時沉湎於精緻生活的同一個江南士大夫。但甲申年的經驗不再出現在《乙酉日曆》中，並不就意味著遺忘，倒更可能因了難以忘懷。

作為符號的廢園與蕪城

　　讀明清之際，你總有機會想到孔尚任《桃花扇‧餘韻》中著名的《哀江南》套曲：「俺曾見金陵玉殿鶯啼曉，秦淮水榭花開早，誰知道容易冰消。眼看他起朱樓，眼看他宴賓客，眼看他樓塌了。……」還有：「行到那舊院門，何用輕敲，也不怕小犬咿哞。無非是枯井頹巢，不過些磚苔砌草。手種的花條柳梢，盡意兒采樵；這黑灰，是誰家廚灶？」梅爾清注意到，中國的詩歌「通常不用坍塌的建築和房屋等來描寫廢墟，而用雜草叢生來形容廢墟」（《清初揚州文化》中譯本，頁11注3）。但上面的文字寫的正有坍塌的建築，甚至被遺棄的院落。與狹義的「故園」同一命運的，從來就有「故宅」。閻爾梅《至徐州過萬年少故宅》：「……荒草埋虛閣，秋風鼓敗扉。多情惟燕子，還向舊巢飛。」（《白耷山人詩集》卷五。按萬年少，萬壽祺）當然，梅爾清的閱讀經驗也確有根據。榛莽叢蕪，「雜草叢生」，通常被作為田園已蕪、園亭已蕪、城已蕪的明證。

　　李格非處北宋末年，其《洛陽名園記》篇末議論道：「方唐貞觀、開元之間，公卿貴戚開館列第於東都者，雖千有餘邸。及其亂離，繼以五季之酷，其池塘竹樹，兵車蹂踐廢而為丘墟；高亭大樹，煙火焚燎化而為灰燼，與唐共滅而俱亡者，無餘處矣。予故嘗曰：園圃之廢興，洛陽盛衰之候也」（《景印文淵閣四庫全書》史部地理類）。名園與朝代「共滅而俱亡」，是一再重演的故事。處宋元之交的周密，記宋代名園「沒於蔓草，影響不復存」，不但奇石「蕪沒於空山」（《癸辛雜識》前集《吳興園圃》，頁12、13），假山也「為有力者負去」，「荒田野草，淒然動陵穀之感」（同上《假山》，頁15）。元末明初的陶宗儀，則說某園當全盛時，「春二三月間，遊人如織」；一旦園主人辭世，「未及數月，花木一空，廢弛之速，未有若此者」

（《南村輟耕錄》卷二六《浙西園苑》，頁 329）。祁彪佳所見，是相似的一幕。他的《越中園亭記》開篇即「考古」，記那些僅見之於文字、實已不存的名園，或當時已瀕於「廢」、竟已廢的園。[20] 錢謙益曾題詠過的蕭士瑋的春浮園，到順治十八年，已經兵火，方以智見其「蕭條冷落，大非昔比」（《方以智年譜》，頁 217）。冒襄康熙三年有《水繪庵六憶》，記自家水繪園昔日景象及其「龜坼」，「崩坼」（《巢民文集》卷四）。張岱於鼎革後憶舊，記園，記亭，記齋，記曾經坐臥其中的山房、書屋，悼亡傷逝，「不勝人琴之感」（《陶庵夢憶·奔雲石》，頁 7）。凡此，似乎只堪為世事變幻作一見證。興廢無常，園亭的確是現成的表徵，敏感的文人僅僅由這裡就不難得盛衰盈虛的消息。對於士夫的上述生活方式一向持批評態度者，由「荒」、「廢」讀出了警示，另有一番感慨。李顒就說，「昔之畫閣樓台，今為荒丘礫墟者何限，當其金碧輝煌，未嘗不左顧右盼，暢然自快，而今竟安在哉？」（《二曲集》卷三八《四書反身錄·論語下》，頁 489）[21]

城之蕪通常在大破壞中，而園的廢，則升平世界也時有發生了財產易主，因了人事代謝，因了不那麼戲劇性的個人事件。君子之澤，五世而斬。財富的轉移，是古代中國隨時演出著的故事。「不以良田遺子孫」，也因了其難以保有。更何況我們在這裡談論的，不是如中世紀歐洲的堅固的城堡，而是古代中國不設防的園林。但平世正常發生的財產轉移，一旦有了「易代」這一背景，讀來就顯然不同。園林

---

20 該書說者園「雖古木參差，而亭台半以荒落」（之二，《祁彪佳集》卷八，頁187）；何山園「亭榭已廢，惟竹木尚存」（之三，頁202）；章莊「數椽盡頹廢」（之三，頁203）；讓木園「今鞠為茂草」（之四，頁208）；灌溪書舍「久不葺治，堂宇荒落」（之五，頁215）。

21 弘光朝，政敵即以寓園為口實，說祁氏「所構寓園，層台曲榭，皆三吳八閩膏血」（董暘所撰祁氏傳，《祁彪佳集》卷一○《遺事》，頁251。按所引乃禦史張振孫一疏）。

易主與江山易主，將前者作為後者的寓言，是板蕩之際特有的修辭。
這多少也因了那一歷史時刻，廢園觸目皆是，在在引發士大夫的麥秀
黍離之感，為那個大故事提供了太過現成的提示或注腳。下文還將談
到，廢園被作為懷舊的觸媒，其功能更是文學的；某種頹廢，或許正
出於心理需求。「頹廢」有待表徵，廢園就充當了表徵。詩人在夕陽
中瞥見了園的荒蕪，不免要想到一個王朝的傾頹，一代人文無可挽回
的末運。著名義士、乙酉年殉明的吳應箕，生前感慨于其時名園的頻
繁易主，說顧起元所記的幾處，自己曾去踏勘，「已數更主，園之存
廢不可問矣」；自己所見其他諸園，「十年之間，主半非其舊」（《留都
見聞錄》卷之上《園亭》）。大廈未倒，園亭已蕪，甚至公署亦「圮」
（同上，《公署》），明亡前江南半壁江山的殘破可知，不能不令有志
于恢復的士人心驚。方以智於騷亂後回到家鄉桐城，說「入城愴然，
瓦礫遍地」，園林則「薪毀半盡」（《方子流寓草》卷五《馳還》小
序）。年譜系此詩於崇禎七年，大破壞不過剛剛開始。

　　較之園之廢，城之蕪顯然嚴重到了不可估量：與城同「蕪」的，
是眾多人生。

　　在當時、其後的文獻中，明清之交的「蕪城」，仍然特指揚州。
1645 年發生在揚州的攻防，尤其城陷後的六日之屠，則是致蕪的原
因。這當然多少因了王秀楚那篇著名的《揚州十日記》。由該篇文字
看，這座城的毀滅，並不始自屠城；城破之前，守軍已「踐踏無所不
至」（《揚州十日記》，頁 229）。高傑軍一個月的圍困，清軍七天的圍
城，足以將這座城市的生機消耗殆盡。由發生在後來的事情看，戴名
世《弘光乙酉揚州城守紀略》的如下記述不免有殘酷意味：清軍攻
揚州，「郊外人謂城可恃，皆相扶攜入城，不得入者稽首長號，哀聲
震地，公（按即史可法）輒令開城納之」（《戴名世集》卷一三，頁
358）。到清豫王下令屠城，這些人多半成了刀下之鬼的吧。

　　因有鮑照的《蕪城賦》在前，發生在揚州的破壞，像是再次兌現了一個古老而兇險的讖言，所謂在劫難逃。吊詭的卻是，正因了有那篇著名的賦，演出在明清之際揚州的極其血腥的一幕，成為揚州的一部分標記，使那意象與這個城再不可分。由美國學者梅爾清看去，正是「清統治者對揚州犯下的暴行」，「使得揚州本身成為一個象徵」，甚至成為「一處風景」（《清初揚州文化》中譯本，頁 13-14）。她以為揚州因其特殊的歷史際遇而獲得了「兩重的文化遺產」，即巨大的經濟繁榮與毀滅性的破壞（頁 10）。揚州之「蕪」成為該城所擁有的一部分文化資源，是屠城中的殺戮者與受難者，以及孑遺如《揚州十日記》的作者不可能想到的。不但同樣經歷了屠戮的嘉定、江陰，而且歷經兵燹的金陵，都不曾分有這種奇特的命運。巨大破壞使這城市享有了作為那個時代的某種象徵的地位，而僅有七千字的《揚州十日記》對於造成這種地位，無疑有特殊的貢獻。[22]

　　揚州的劫運尚不止在鮑照的時代與明清之際。孔齊《至正直記》：「洪容齋筆記雲：『女真之寇亂揚州，百里之間，虛無人煙，至隆興以後複盛，兵亂又廢。』父老嘗雲：自揚州至中原，七百餘裡無人煙，至元貞以後複盛。至正甲午以後，今如荒野，不知何時復興也。」（卷四《鐘山王氣》，頁 112。隆興，宋孝宗年號；德祐，宋恭帝年號；元貞，元成宗年號；至正，元順帝年號）說的是由宋代直至元末的事。更其匪夷所思的是，元末淮西張明鑒據揚州，「日屠城中居民以為食」。朱元璋於元至正十七年攻克揚州，「按籍城中居民，僅

22　甚至「揚州十日」的說法也來自該文。《嘉定屠城紀略》的作者說自己必欲傳信：「予目擊冤酷，不忍無記，事非灼見，不敢增飾一語，間涉風聞，亦必尋訪者舊，眾口相符，然後筆之于簡」（《揚州十日記》，頁268）。但該篇的影響力仍然不能比之於《揚州十日記》。

余十八家」（《明實錄‧明太祖實錄》卷五，頁58）。[23]一座城市的死與生，竟成一再演出的故事！

但我仍然疑心上文所引梅爾清云云，多少出於遙遠事後的判斷。我注意到《鹿樵紀聞》記「史可法殉揚」，對清兵屠城，無一語記及。李門的《揚州畫舫錄》中的用典，頻率較高的，是「綠楊城郭」、「揚州夢」；儘管也時見「蕪城」字樣，卻像是避免直接指涉發生在明清之際的那一事件。倘若真的如此，那麼直至李門生活的乾、嘉年間，揚州屠城，仍然是一個被蓄意掩藏的故事。[24]汪中出生的那年（1745），正是揚州屠城一百周年。《廣陵通典》據說計畫寫到明清之際的史可法守揚州的，不幸因病中輟，無從揣測他將如何寫，所寫與正史有何不同。當然蓄意的掩藏往往又是髮露。「蕪城」的字樣本身或許已成醒目的提示也未可知。

上文已經寫到了某些士大夫當設計他們的園林時，將暫時性體現在了「設計思想」中。由廢園所呈示的，就有文人生活理想的脆弱、易於毀壞。中國式園林中的建築部分，也如其他中國式建築，因所使用的材料而預先註定了不能經久；其「人工自然」的部分，則因出於對自然的模仿，一旦毀壞，即淪為叢莽，與荒蕪了的「自然」無異。國外學者就發現中國的古建築當營造時，即不以恒久保存為追求。史

---

23 《明季南略》的說法有不同。該書卷三記史可法揚州殉節，計六奇按：「宋恭帝時，元右丞相阿傑圍揚州，日久而無成功，築長圍困之。城中食盡，死者枕藉滿道。明太祖遣將繆大亨克揚州，止余居民十八家而已。然則自宋、元以迄於今，揚民已三罹兵劫矣。豈繁華過盛，造化亦忌之耶！」（頁206）

24 卻也不儘然。《明季南略》卷三《史可法揚州殉節》頗記揚州屠城事，一再說「屠殺甚慘」；城破後清兵「悉屠其民」；「直殺至數十萬」，「揚州煙爨四十八萬，至是遂空」；「揚州初被高傑屠害二次，殺人無算。及豫王至，複盡屠之。總計前後殺人凡八十萬，誠生民一大劫也」（頁204、205、206）。但該書雖脫稿於康熙十年（1671），至嘉、道間才得刊行。較晚出的《小腆紀年附考》，曰：「揚州士民死者屍凡八十余萬」（卷一○，頁306）。

景遷提到，「文藝復興以後歐洲較大的城市都以磚石構築，給人以堅不可摧的感覺，而大多數情況下，中國的城鎮並非如此。」（《追尋現代中國 1600-1912 年的中國歷史》中譯本第一章，頁 7）這也應當是一個旅行者所獲得的最直觀的印象。牟複禮《元末明初時期南京的變遷》一文引用了梁思成《中國建築史》所說「中國建築的四個特點」，其中之一就是，既不求其永存，也就不重視使用能保證歷久不朽的材料（施堅雅主編《中華帝國晚期的城市》中譯本，頁 125）。關於宋代，謝和耐說，「由於中國建築所用材料的輕脆，竟連一件建築上的碑銘也沒有留傳下來。能夠向我們提供日常生活細節的，主要來自繪畫作品」，當然，還有「豐富已極的文字材料」（《蒙元入侵前夜的中國日常生活》中譯本，頁 6）。不重視使用能保證歷久不朽的材料，其背後誰說沒有中國人的「歷史哲學」、人事經驗，古代中國人的智慧呢？

但城牆不在此列，有可能務求其堅，「給人以堅不可摧的感覺」，甚至像是「固若金湯」，除非無意於防守為此發展出豐富的造牆經驗與技術。明清之際的文獻中往往可見「所過無堅城」的字樣，這裡的「城」應當指城牆。「無堅城」是對強大攻擊力的渲染；而在事實上，不堅的未必是城牆，有可能更是守禦者的意志。意在放棄，即使有城池，也一觸即潰，與牆的堅否無關。錢穆說宋對於元的抵抗之強韌，原因之一，即「列城相望，百里之間，必有一城」（《國史大綱》第七編第三十五章，頁 636）。見諸記述，元明之際張士誠用來抵禦朱元璋的蘇州城，明清之際曾抵擋過農民軍洶湧衝擊的開封城，均可作為「堅城」的樣品。城牆我固可守，彼亦可守；即使我不能守，也不能令他人守之。據說張獻忠敗退之時，下令墮毀成都及州縣城牆，卻因成都城牆「自垛口以下堅硬如鐵」，不得已而放棄（參看南炳文《南明史》，頁 184）。可惜的是，如陳垣所說，中國士大夫「從來輕

視工程學者」，故有關工藝的記述往往闕略（《元西域人華化考》，頁
98）。

在古代中國文化中，牆兼有象徵意義與實用意義。當然，規模、
功用不等的牆，其象徵意義大有不同。所謂「固圉」，首在清楚地劃
定界限，設置安全屏障意義既可能是實際軍事的，又兼有心理的乃至
純粹象徵的。《劍橋中國明代史》一再寫到元朝的不修復傾圮毀壞的
城垣（如該書中譯本，頁67、74）應當出於草原民族的習性。朱元
璋則不同。即使沒有老儒朱升「高築牆，廣積糧，緩稱王」的提示，
對城牆也不至於等閒視之。以至牟複禮認為明代是「中國偉大的築城
時代」由都城的城垣，其他大小城市的城牆，到長城，「當時仿佛舉
國都著了防禦迷」（《元末明初時期南京的變遷》，施堅雅主編《中華
帝國晚期的城市》中譯本，頁151）。明亡之際，著名明遺民中，顧
炎武、孫奇逢等人，都曾參與城防。當此之時，城防工程也負載了某
種象徵性，是抵抗意志的顯示；有無可能進行有效的抵抗，則非所計
也。發生於城頭、城牆上的爭奪，往往是最後的對決，決定了一個城
的歸屬。甲申三月十九日的前夜，京城已在事實上陷落那是一座既失
去了防禦能力、又喪失了防禦意志的城市。

即使不能如傷悼廢園的屢屢見諸文字，明清之際殘破衰敗的城仍
然有人憑弔。陳維崧就一再寫到金陵的破敗，說其父去世後，自己一
再經過該地，「而風景頓殊，人琴都異疇昔。板橋、鳴珂諸巷，荒煙
蔓草，零落不堪」（《金陵遊記跋》，《湖海樓全集》文集卷四）。該篇
所跋乃王士禛的遊記。陳氏說自己的心情不同于王氏，「掩抑摧藏，
泫然書此」，不勝欷歔。同卷《邵潛夫先生八十壽序》亦寫該城之
蕪，「金陵鳴珂巷，昔日所為狹斜遊者，已化為圈牢處矣。」他序吳
應箕的《留都見聞錄》，說「自癸酉迄今，已閱四十餘年」，「餘嘗子
身獨遊，旁皇冶城、桃葉間，欲問兒時巷陌，往往迷不得其處，所雲

成賢街舊宅，已轉徙數易主，其他宋氏園亭、鄒氏閣子，及鷲峰諸舊寓，盡滅沒荒煙斷靄中，惘惘至不可問。蓋人世滄桑，而歲月之不足供把玩也遂如此」（同上卷三。按癸酉，崇禎六年），所憑弔的，毋寧說更是自己與故明聯結的一段歷史。陳維崧有感傷氣質，心性敏感而柔弱，「殘破」的印象最宜於由這樣的文人感知與表述。

陶宗儀《南村輟耕錄》說杭州到元末（至正壬辰以降），「數毀於兵，昔時歌舞之地，悉為草莽之墟，軍旅填門，畜豕載道」（卷二《占驗》，頁29）。金陵在明清之際，並未遭遇軍事破壞，不曾如揚州似的「蕪」；如陳維崧所見的凋殘衰頹，即非易代，也不可免；但由陳氏寫來，仍然別有意味。士大夫在歷史動盪中失去的，是舊日的全部生活，而非止一宅一園；在曾經的貴族，則是《烏衣巷》的意境在他們生活中的真切再現。

「斷壁頹垣」從來被認為藏了故事，待人去猜詳。廢園、蕪城無不聯繫於創傷經驗殘破了的人生與生活世界，呈現為暴露在外有目共見的創口；卻也因其殘缺不全，開啟了某種想像的空間。令士大夫流連低回的，是榛莽與廢墟中的歷史事件與人生故事，掩蔽在荒煙蔓草中的人的命運。廢園通常是繁盛之遺。倘若作為故事主人公的園主人隱去了，故事也就更其撲朔迷離。人物因其不出場而成懸念。睹物傷情，觸景興感。故國，故園，故舊，都要賴物質碎片辨認。一時憑弔追懷之作，往往有類似的言述策略，即以舊物為符碼，亦舉隅，以局部、片段指涉已然逝去的全部生活張岱的《夢憶》、《夢尋》最是著例。

廢園、蕪城，是中國的士大夫熟識的符號；當明清之際，又是他們身歷目擊的真確一景。每當這種時刻，詩文中總會有「象徵」的氾濫。人們已習慣於借助象徵符號記憶歷史，以此給記憶以形式，使感受有所附麗。廢園、蕪城與銅駝荊棘、麥秀黍離等等，因了重重疊疊的書寫而意蘊深厚，意指明確，挾著積久生成的厚重意涵，正宜於用

來起興。文人通常是借助了詩文記憶的。無以數計的前在的詩，引導
了他們的感覺。類似的意象、象徵，構成了文學用以表達其「歷史沉
思」的形式。較之繁華，文學往往更鍾情於凋殘，為了從中辨認人的
命運的永恆的悲劇性。在他們的運用中，廢園、蕪城同屬那種凋零、
破敗以至永劫輪回的符號。但也應當說，符號及其內涵是如此現成，
未見得能開啟、激發，有時或許正妨礙甚至阻斷了士人的感覺，使得
經驗同質化了。你卻又不便據此認定想像力的匱乏。感受以及感受方
式、方向的重複，或也因了歷史生活本身的重複、迴圈。你似乎是在
重演別人的人生。

我們再回到揚州。我至今沒有讀到過關於劫後揚州的具體記述。
康熙三年冒襄寫過一篇《後蕪城賦》，刊刻其遺作的冒廣生（鶴亭）
謂此文「直是一篇有韻《揚州十日記》文」（《巢民文集》卷一），[25]不
免誇張那篇賦的修辭方式，足以窒息而非啟動人們的想像。似乎不曾
有人將這座城「毀滅—再生」過程中的細節記錄在案。[26]六日的血腥
殺戮與 18 世紀重歸繁盛之間（即 1645-1700 年），這個城市究竟發生
了什麼？廢墟上的重建，經歷了怎樣的過程？關於一個城市的艱難重
生，歷史敘述中略過了一些什麼，在何種環節上留出了空白？

城的再生必然伴隨著遺忘。揚州在「十日」大劫後的復興，有著

---

25 冒廣生按語曰：「申、酉之間，高傑兵殺戮至慘，吳梅村挽董宛君詩，所謂『高家
兵馬在揚州』也。此直是一篇有韻《揚州十日記》文。」但說高傑兵的殺戮，全不
提清兵的屠城。該賦倘如其所說，則絕不能擬之於《揚州十日記》無疑。

26 力圖重現清初揚州的梅爾清說，「近現代西方歷史研究中對於從1645年至1700年，
也就是揚州從清統治者的征服中恢復過來的這一段時期歷史向來沒有被納入清史的
敘述範圍。直到最近，對清初歷史的絕大多數研究，還是要麼集中在清征服中的軍
事和制度建設方面，要麼集中在對明王朝忠貞的議題上」（《清初揚州文化》中譯
本，頁2）。她說自己的這本書研究的是「社會災難對於揚州的歷史後果及揚州對社
會文化的崩裂和損失迅即作出的回應」（同書，頁3），卻也抱怨「缺乏詳細記載這
一時期揚州城由衰敗走向繁興的明顯材料」（頁2）。

抹掉記憶、淡化痛楚的功效。諸種歷史敘述塑造了記憶，同樣以遺忘為代價。一定有不能平復的創傷，刻骨銘心的憶念，只是無緣進入「歷史」罷了。大量的歷史資訊確已掩埋在了土層下，令後人無從發掘。讓這些資訊與城同其湮滅，未必不也是當道的意願。這樣看來，倘若沒有王秀楚的那篇文字，人們關於揚州屠城的事件該如何記憶，或者是否還有可能記憶？你于此又不能不感慨於文字的力量。

如本書上一篇已經提到的，生活在劫後的修復，其速度之快，往往非劫難中人所能逆料。牟複禮考察元末明初的南京，說，「1367 年冬宣佈新王朝成立後的二十年間，此城人口從可能約十萬人增至約百萬人，其中大部分人都是中央政府新官的眷屬。在明太祖宣佈定都南京時，該城所起變化的程度以及完成這種變化的速度，在西方的歷史經驗裡也許是沒有現成的相似事例的。至少我們定會感到驚異。」（《元末明初時期南京的變遷》，施堅雅主編《中華帝國晚期的城市》中譯本，頁 152-153）值得注意的，毋寧說是一個西方學者對於古代中國城市變化的程度及速度的驚異。元明之際的南京如此，明清之交的揚州也如此。朱彝尊記揚州平山堂，說自己舊時過揚州，「登堂之故址，草深數尺，求頹垣斷砌所在，不能辨識」，「曾幾何時，而晴闌畫檻，忽湧三城之表」，不能不「感廢興之相尋」（《真賞樓記》，《曝書亭集》卷六六，頁 1050），[27] 訝異的也是速度，「革故鼎新」的速度。時間永是流駛，街市依舊太平。陳維崧記自己甲辰暮春游揚州北郭門外的依園，「園門外，青簾白舫，往來如織」（《依園遊記》，《湖海樓全集》文集卷四）。甲辰即 1664 年，北京陷落二十年。據說到這一年，已經有一百多座私家園林坐落在揚州城外的運河沿線（梅爾清

---

27 據王利民《朱彝尊大事年表》，朱氏康熙三年、十年均到過揚州。見王氏著《博大之宗朱彝尊傳》，浙江人民出版社，2006。

《清初揚州文化》中譯本，頁 155）。這一種消閒文化的興盛賴有財
富的積累。財富重新聚集的速度，則又由消閒文化的發達作了證明。
到 1675 年，即揚州城破三十年後，揚州的經濟已有了充分的恢復。
即使創傷仍在，也足以被撫平。只不過該城在此後的歲月裡又經了盛
衰。道光十四年阮元跋李鬥的《揚州畫舫錄》，就說到了此城由乾隆
四五十年間的「全盛」，而「漸衰」而「荒蕪」，不勝今昔之感。這已
經在本篇的論述範圍之外了。

忠義與遺民的故事

再說祁彪佳其人

我們接續上一篇講祁彪佳的故事。

當著世亂時危仍然不放棄經營他的園林，是祁氏不為正史也不為其他種「忠烈紀事」所講述的故事。被這類傳記有意刪減的，另有一些使得其人不大像「忠臣」的故事，比如他在人們認為理應挺身擔當之際的遊移。

祁彪佳原本就屬於宦情淡薄的一類；用了那時的說法，即「難進易退」，與劉宗周有幾分相似。[1]但他為諸種傳記著力刻畫的，卻有崇禎十五年的冒險赴京城。當時農軍對於京城的包圍已在形成之中，道途因「虜警」受阻，祁氏「戎裝介馬而馳」（該年閏十一月十三日祁氏日記），日夜兼程，沖風冒雪，以至「從者俱僵僕」（同月二十五日日記）。那一年倪元璐也有類似的豪舉。據年譜，倪氏家居已七載，詔起兵部右侍郎兼翰林院侍讀學士時，倪氏本不擬應召，當著聽說「畿輔震驚」，毅然募三百敢死之士趕赴京師，如燈蛾撲火（《倪元璐年譜》，頁51-52）。

由日記看，祁氏行前心理卻不免複雜。北上之前，他曾一再與人

1　王夫之說「退之難於進也久矣」（《讀通鑑論》，《船山全書》第10冊，頁517）。也應因此，劉宗周的難進易退為人所樂道。據說其人「通籍四十五年，在仕版六年有半，實立朝者四年，革職為民者三」（劉汋所撰年譜，崇禎十七年，《劉宗周全集》第5冊，頁507）。

「商出處之道」,甚至請人為之「推命」,顯然有利害的考量在其間。以下的故事傳記作者也語焉不詳,即到京城後不久,祁氏就藉故南旋,且在甲申年聞變之前,耽戀家居的閒逸,堅臥不出,屢經勸駕,不為所動。[2]進退出處之間,祁氏的心跡並不難以知曉。寫在日記中的,毋寧說很坦白。甲申年四月二十一日,說「畢竟以時方危迫,君臣之義無所逃,引病此際,身雖安而心甚不安」。二十三日在他人的激勵下,才「定計入南中」履任何等艱難的抉擇!

弘光朝祁氏巡撫蘇、松,恪盡職守,常常宿在夜行船中,說「勞冗至極」,「每至三更盡方得就寢」,日不再食以至終日不得食。他的甲申日記中充滿了緊張,令人想見一個志在救亡的官員力圖挽狂瀾於既倒的艱苦努力。他一再寫到自己在船上燈下草疏,寫到士大夫間的頻繁會商與謀劃,也寫到江南的騷動擾攘,以及他為人所稱道的強力「鎮亂」,以至「心氣耗竭已極」(九月初一日日記),在任約半年,即請告乞歸。[3]返回浙江後,又一再面對出與不出的抉擇。

甲申、乙酉之交,祁彪佳漸有隱遁之意。[4]他一再拒絕應(弘光朝)召,堅辭出山(六月初六日等日日記)。直到六月二十四日得知

2　據日記,崇禎十六年八月,祁氏出都南歸,抵家即試圖辭官(十月十九日)。甲申年二月二十日,知「乞身之疏不蒙聖允」,三月二十六日不得已而動身赴任。是時距出都南歸,已過半年。赴任途中仍問卜,與人商議以決進退。四月初五日尚未抵任所,即有「歸計」,說本想「稍滯武林觀變」。有人勸其「拜一疏,徑歸」(十四日),他本人也想「暫停中途,以為引病之計」(十五日)。是月二十一日,尚因「進退莫定」而求籤問卜,可知內心的煩擾不寧。

3　祁氏此次的辭歸,也因弘光朝惡劣的政治環境。十月二十一日他在日記中說「知予深為時局所忌,勢不能留」。十一月十五日則說自己「原有必去之勢」。

4　乙酉年正月,祁氏曾與其兄商「居山之策」,與醫者談「玄修之功」。四月初得知「南都消息警急」。此後祁氏即著手山居的安排,與親戚「商避地之策」(五月初一日)。五月十八日知揚州城破,二十日乘馬入山;二十一日「決計遣家入山」;二十三日,「制道衣,為避世之計」;二十四日,知清軍入南京。

「北師」（即清軍）已徵聘劉宗周、高宏圖、錢士升、方逢年、徐石麒以及自己，才被迫做最後的決定。他曾打算「陽應之而潛圖引訣」，為此「草拒辭之啟」（二十四、二十五日）；「北師」卻再次致書催促。二十六日，他另作一揭給已降清的陳某，威脅說如再「遣聘」自己必死；又作「薦賢自代啟」，想由此脫身。閏六月初三、初四，清當道要祁氏出見，而家人親友也力勸他出見以「舒親族之禍」。日記記到了初四這一天，兩天后祁氏自沉。那兩天裡發生了什麼，已不可考。祁彪佳的自沉，多少因被逼到了牆角，無路可退。他本來並不拒絕其他選擇，比如隱遁寓園就包含了未來生活的設計，只不過清當局不提供給他選擇的餘地罷了。如此看來，是清當局成就了其人的「忠臣」令名。

張岱《石匱書後集》記祁氏崇禎十五年的南歸，將他出京後徑歸寓山，出處之際遲回不決的一節繞過（卷三六《劉宗周祁彪佳列傳》）。董暘所撰祁氏傳，說弘光朝祁氏巡按蘇、松，曾招工疏浚院署的水池，對他的兄長說，倘若自己率將士戰死，「妻、子則歸此」（《祁彪佳集》卷一，頁250）。張岱卻說祁氏令人疏浚水池，是為自己準備的（《劉宗周祁彪佳列傳》），即如人們所期待的，「早辦一死矣」。各種傳記中的祁彪佳為官強毅果決，臨難從容，堪稱完人。

其實有過一段曲折的所謂「心路歷程」的，不止祁氏。被列為甲申京城殉難文官之首的范景文，任職南京兵部尚書時已有去意，對外甥說：「大亂即在眼前，一碗死水，無處浸灌」，這官位已沒有什麼值得留戀（《與甥王申之》，《範文忠公文集》卷五），卻又于王朝覆滅前夜再度受命，顯然受制于不可抗拒的道德律令，亦所謂「不容已」。遺劄中範氏說：「日日思歸，而受上特簡，誼不忍辭。在事不滿五十日，而大勢已傾，力莫能挽，惟有盡節以明一生忠孝耳。」（同卷

《與甥王申之》）即此「不忍」的一念，鑄定了其人的命運。[5]瞿元錫
記瞿式耜之死，說桂林城未破，城中即已一空，瞿氏「撫膺頓足曰：
『朝廷以高爵餌此輩，百姓以膏血養此輩，今遂作如此散場乎！」
（《庚寅始安事略》，《崇禎長編》，頁198）瞿式耜的堅持與空城共存
亡，不過不忍「作如此散場」罷了。

　　有不忍去，有不得不出。甲申之變後，自己尚一度遊移不定的祁
彪佳，發現劉宗周赴召南京「尚逡巡不進」，竟毫不猶豫地「以大義
動之」（六月十九日日記）。弘光朝覆亡後劉宗周致書熊汝霖，說吾輩
斷無生路；既然無論怎樣都是死，「與其墨墨而死，毋寧烈烈而死」
（劉汋所撰年譜，弘光元年，《劉宗周全集》第5冊，頁521）。黃道
周的書劄，也多有敦促他人出者。讀黃氏致陳子龍書（《黃漳浦集》
卷一五《與陳臥子書》），就可以明白陳氏的不能不出。陳子龍自撰年
譜，說自己在弘光朝任職不過五十天，「私念時事必不可為」，此後朝
政日壞，「海內無智愚，皆知顛覆不遠矣」（《陳子龍年譜》卷上，《陳
子龍詩集》附錄二，頁702），卻又在南都陷落後，參與了「義軍」
的行動，說「固知其不堪，而義不可止」（同上，頁707）必有使其
身不由己的情勢。裹挾了這些士大夫，使他們難以作其他抉擇的，就
有其時的倫理環境與輿論氛圍；而這種環境與氛圍，又由士類參與造
成。魏斐德強調陳子龍對其歷史角色的選擇中的不得已，說陳子龍之
所以堅持作複明分子，是因為「他別無出路」，「名譽」所系，他「不

5　此前範氏致書黃道周，說：「翁兄去後，時事不可言矣。今日既非前日，恐明年又
　　非複今年。此堂非燕雀可處，急欲圖歸，奈滿朝皆互鄉人，主上孤立無依，不忍悤
　　然去國。明知伴食無補，然恐一旦有事，求一伴食者亦不可得耳。」（同書同卷
　　《寄黃石齋》）說得何等沉痛！範氏說過：「夫必待舍生而後成仁，則仁為戕生之
　　具」（同書卷六《賀楊明府太孺人節壽敘》），倒更證明了他本人的最終「舍生」，確
　　系經了理性的衡度。

得不盡其所能」（《洪業清朝開國史》中譯本，頁 694）。那些使陳子龍一流人物註定要自蹈死地的諸種條件，仍然難以在這種敘述中被呈現。至於黃道周的就任隆武朝，由後世看去，更像是蓄意自殺。黃道周年譜所錄黃氏與楊廷麟書，有「吾輩頑石，搗骨合藥，無補於天，猶冀後人嗅此藥氣耳」云云（崇禎十七年。洪思、莊起儔所撰年譜均錄此語），此劄未見於黃氏文集。崇禎十三年下獄之前，黃道周在家書中卻說過另外的意思，說「世間樂事，唯有看子孫讀書，栽花種竹耳。天下自是天下，蒼生自是蒼生，而必以天下蒼生易兄弟子孫之樂，真為不知類者矣」（《京師與兄書》，《黃漳浦集》卷一九）。到了危急時刻，卻為不能為，不惜「以天下蒼生易兄弟子孫之樂」。[6] 在我讀來，無論祁彪佳、陳子龍還是黃道周，其人的「殉明前史」較之就義的瞬間，都更有其沉重性。左右他們的選擇的，人生義務、道德律令、（作為「公眾人物」的）社會責任感等等，糾結而成複雜的網路。即使上面的零星材料，也可供我們於數百年後想像「忠臣」作出致命決定的特殊情境。

要到明亡這種時候，才能知道孔子「知不可而為」對於士人影響之深，以及這思想的「實踐意義」。不惜處絕境、蹈死地，有時也就賴這一念支撐。鹿善繼曾斷然道：「天下事有可否，有成敗；可否屬人，成敗屬天。」「山東司謂事求其可，功求其成；本司則謂事可做

6　隆武朝黃道周說自己「遍請郡邑，無一鏃一甲一刀一兵；士紳捐助，無千人一月之餉」（同書卷五《諫親征疏》）。還說：「江右賢者，初雲起義，動有數萬之師。迫而就之，忽如捕風，以左手掬水，了無所得。」（同卷《江浙機權疏》）他一再說其所發文告、書劄，寂無回音。或百呼而無一應，或「虛聲應援，如捕風影」（同卷《出師疏》）；不但所派書使「無一報命」（同卷《陳近狀以慰聖懷疏》），且所遣行探者「頂踵相接，無一反者」（《出師疏》）。出師之後「所到之處，如觸牆壁」（卷一六《與楊文驄書》），「江東父老，又怯懦不足與圖」（同卷《與劉晉卿書》），處境之孤絕可想。

者，決意去做，成敗利鈍，非能逆睹」（《回戶部諮》，《認真草》卷一一）。「知不可而為」，與儒學的初始情境有關，而這種情境此後成為實踐的儒者不能不面對的常態。由消極的方面，克服失敗感；積極的方面，則在尋求精神支持。「知不可而為」似乎並非重要的儒學命題，在漫長的歷史歲月中，卻發揮了激勵、撫慰、排遣等等複雜的功能。全無承當，全無抵抗，即不免於輕這種思路，也隱含在明清之際士人的言說中。

那個時代的有識者，關於生死，有很明達的見解。黃道周就說過：「古之有道者，不樂以一節自見，雖忠孝亦不樂居其名，不樂有其事」，自己不過不幸而遭遇了此事罷了（《與張禦史書》，《黃漳浦集》卷一八）。方以智則說：「故虛浪以生死為小事者，必使以生死為大事而後可入道；至執生死為大事者，又必至以生死為小事而後可言大道。」（《東西均·生死格》，頁59）較黃道周的說法更為圓通。但臨難不苟免，確也絕非誰人都能。何冠彪《生與死：明季士大夫的抉擇》一書，分析瞿式耜、張同敞被逮待死期間的微妙心理，引了瞿氏的「一從初不死，惡緒漸來多」（第六章，頁142），很可玩味。《甲申傳信錄》記甲申年三月十九日倪元璐與施邦曜對酌，相約殉明，倪對施說：「君速反舍，即能踐此言，慎勿往與他人語。若少遲，君不復死矣。」（卷三，頁40）當此關頭，死與不死系於一念，稍有遲疑，就會失去了勇氣。死的確有如是之難！本書第一篇已引了施邦曜所說「忠臣固不易做」。《嘉定屠城紀略》記侯峒曾溺池中不死，立水中歎道：「人死亦大難事。」（《揚州十日記》，頁262）據年譜，祁彪佳死前曾歎息道：「死果難如此耶？」徐芳烈《浙東紀略》寫餘煌一再投水，說的也是「忠臣難做」（《崇禎長編》，頁187）。見之於記述，那時的種種死法中，最難的，應屬「扼吭」、「自勒」，《甲申傳信錄》記陳良謨「自枕上自勒死」（卷三，頁46），絕非常人所能。要

有怎樣的決心，才能這樣地死！由此看來，其時士人好說的「死易生難」，倒像是今人所謂的「偽命題」；而陳確關於死節的激切之論（見其《死節論》，《陳確集》文集卷五），如有的論者分析的那樣，有可能隱含了對於自己「不能死」的辯白。

　　模式化、規格化的忠臣傳狀修剪出的忠臣形象，務求合於普遍期待以利於教化。有趣的卻是，直到今天，書寫這一時段歷史者，依然迷戀於所謂的「末後一著」（即死、殉），著力處無不在人物的臨難之際，似乎人物的全部生命均為了完成那一個「忠」字，而對我上文所說「殉」之前的故事語焉不詳。

　　那些有關忠臣的傳記文字並不諱言忠臣的寂寞。瞿元錫《庚寅始安事略》描述瞿式耜、張同敞被逮前的情境，說當時兵將奔竄，桂林城中一空，二人「張燈對坐，夜雨淙淙，遙見城外火光燭天，滿城中寂無聲響，雞鳴時有守城兵入告曰：『清兵已圍守各門矣！』」（《崇禎長編》，頁199）崇禎九年鹿善繼死於城守。城破前門人見鹿氏「據簿執筆，俯首揮不輟」，而環繞在他身邊的縉紳們卻談論著博弈，沒有人注意鹿氏在做什麼（編次《鹿忠節公年譜》）。《嘉定屠城紀略》記黃淳耀、侯峒曾守嘉定城，無兵無餉，鄉兵鳥獸散，「郊外無一人往來，孤城蕩蕩，僅存一白旗迎風招而已」（《揚州十日記》，頁257-258）。

忠義心事

　　明亡之際的著名忠臣中，也有終於放棄了抵抗、因這一放棄而完成了其作為「忠臣」者。當時最有爭議的，或許就是金聲吧。

　　金聲本是熱血男兒。甲申京城陷落的前一年，他就對人說自己不能「當危疑呼吸之日，而尚如瞽如聾，以無事處之」（《金忠節公文

集》卷五《與程韋庵道尊》）。這樣看來，其人一定會承擔抵抗之事，無可逃避。金聲死後，針對了異議，他的摯友熊開元為其撰傳，說金聲舉義於弘光小朝廷覆滅、大勢已去之時（乙酉五月）；當著事益不可為，熊開元勸他脫身，金聲卻說，徽人當初並不想起義，是自己將他們發動起來，不能臨危脫逃，貽害百姓。他散遣了將吏，自己前往就縛，為百姓請命（《金忠節公傳》，《金忠節公文集》）。「舉義」而又不欲累民，甚至不忍將吏從死；於兵敗之際及時散眾，一身承擔，從容就死。起兵，義也；散眾，仁也。由今人看去，金聲所為，合於任何一種苛刻的標準。當時的人們卻並不就作如是觀。引起爭議的，是金氏就逮後，曾「手書告父老」，被指為代清軍「招撫百姓」。[7]當時黃道周也斥之為「招降書」，說讀之「令人髮指」。[8]據說當嘉定城破之際，黃淳耀仍「堅握鎖鑰」，拒絕放難民一條生路（《嘉定屠城紀略》，《揚州十日記》，頁263），與金聲的姿態大異。

　　金聲之外，放棄抵抗的另有其人。《小腆紀年附考》記清軍攻紹興，有人提議據城抗擊，餘煌歎道：「數萬軍猶不能戰，乃以老弱守孤城，是聚肉待虎也。」立即敞開九門，縱百姓出城，自己則投水死（卷一二，頁479）。我在《明清之際士大夫研究》上編第一章《生死》一節，引《明季北略》記「巡方董鍫初，見潮縣鬥大空城，而縣

7　金聲在遺書中說：「倘百姓幸安堵，則我瞑目矣。各鄉尚有好事言兵者，此實無益。我死實甘，徒殺百姓何辜。」（《與長男》，《金忠節公文集》卷五）「手書告父老」，或許即此之謂。士人的選擇餘地本來有限。曾燦《文學生伯呂公墓誌銘》記金聲舉義，所率乃烏合之眾，當時就有人對金氏說，「國破君亡，人臣以身殉，宜也，奈何蹂躪鄉間乎？」（《六松堂集》文集卷一三）。金聲的遺書中也引了孔子所說「以不教民戰，是謂棄之」。熊開元為金聲辯誣一疏，載在《魚山剩稿》。

8　黃氏《食盡兵單請自黜疏》：「讀金聲所寄招降書，令人髮指。可痛士不敦實用，坐享虛名，以聲焰動於閭裡，使天下後世謂李元平輩不成書生，亦詩書之恥也」（《黃漳浦集》卷六）。

令沈域舉動安詳，問曰：『情景若此，貴縣何恃而不恐？』沈域從容
拱手曰：『以身殉之。』遂初為改容以謝」（卷五，頁122）。由本篇
看去，那縣令選擇「自靖」，而不驅民抵抗，確也值得尊敬。但如美
國學者梅爾清那樣，認為史可法的抗擊對清軍的屠城事件「負有很大
責任」（《清初揚州文化》中譯本，頁16-17），這種敘述卻不大可能出
自於即使今天的中國學者。尤其「責任」云云，不像是中國學者所應
當有的思路。

　　忠臣往往有「不忍累吾民」的一念。邵廷采記張煌言往來海上，
每每歎息道：「沿海膏脂盡矣。……戰勝則進取，否則一跳海中，畢
吾事耳！」（《東南紀事》卷九《張煌言》）既圖謀恢復，又不忍擾
民，南宋的葉適就曾面對此種難題。[9]其實多所「不忍」，正是書生本
色。錢肅樂對此說得很懇切，說今天那些「披堅執銳」者，都是農
民，「起義至今，壯者殞於鋒鏑，弱者疲於轉輸，父子呻吟，夫婦愁
苦」，對於這樣的民，哪裡還忍心「重困之」（《諫速整朝政以固國本
疏》，《四明先生遺集》）！王夫之甚至認為，即危亡之際也不妨「以
無事靜鎮之」，也應當出於對徒然剝民擾民的所謂「抵抗」的事後檢
討（參看《搔首問》，《船山全書》第12冊，頁637-638），卻也足以
證明士夫當此際選擇餘地的狹小。

　　還應當說，當時忠臣義士的動機、動力，未必盡在保全或恢復
「朱家一塊土」。[10]梁份以魯仲連自許是魯仲連，而非「報韓」的張
良，強調的是排難解紛，所持也更是「民生」立場。梁份的下麵一篇
議論大可玩味：他說戰國之際，秦趙相攻，爭地爭城，百姓肝腦塗

9　其時黃東發就以為葉氏「論恢復，在先寬民力，寬民力在省養兵之費」，而其具體
　　設想則不切實際（參看《宋元學案》卷五五《水心學案》下，《黃宗羲全集》第5
　　冊，頁182-183）。

10　「朱家一塊土」，見江天一《寄家書》，《江止庵遺集》卷四。

地。「譬之邑令，一舊一新，貪均也」，那舊邑令已經與民相習而且貪欲得到了滿足，既然沒有廉吏，不如就讓舊令繼續做下去。天下人不知道這層意思，而魯仲連知之，「其欲解紛排難，為天下，非為趙也」（《與李中孚書》，《懷葛堂集》卷一）。「譬之邑令，一舊一新，貪均也」云云，豈遺民所當言？由此看來，明清之際志士的「心事」，的確不能作一概之論。

就本篇而言，有趣的是金聲的行為雖招致了爭議，卻仍無妨於其人的為忠臣。可見即使在那個苛論流行的時代，仍然有諸種縫隙，使不同的價值立場得以表達。更重要的是，衡度「忠臣」仍然未失彈性。在為國與為民之間，在「義」與「仁」等倫理規範之間，士人仍然有迴旋的餘地與論述的空間。在舉義、與義者，救（國）亡未必被作為最高的、絕對的律令，必得不計代價而赴的目標，「民生」也絕非可以無條件支付的犧牲。

被當時後世指為「忠義」者，心事之不同遠不止於此。不但遺民所遺、所以遺，且忠臣所忠以至「忠」的程度（當時所謂的「成色」），均互有不同，不便一概而論。不降（清）未必即忠（明）。司徒琳注意到下文將要談到的「廣東三忠」，與永曆政權均沒有親密的關係，他們的行動「既不是奉明廷之命，也沒有從明廷得到援助」（《南明史（1644-1662）》中譯本，頁111）。

我不能苟同於將「節操」虛無化、將道德尺度相對化的取向，不能苟同於以不同的選擇、姿態等視之，認為任一選擇均合理的那種取向。我認為無論著眼于「道德」抑「人性」，其時士大夫間的差異都不容抹殺。我相信士大夫在這一歷史瞬間的選擇的嚴肅性，即使那種選擇不宜僅用「忠」（君）來界定。遺民亦然。由遙遠的事後看去，我更願意將上述人物的選擇看作基於意義追求，而意義或許更在「堅守」本身縱然這堅守難免於時間中的蛻變。髮露士大夫倫理實踐的複

雜面，不是為了取消「意義」，而是為了將「觀念」放回到歷史情境，將「實踐」置於歷史脈絡中，使其更像是具體的人的觀念與實踐，讓「人物」走出「歷史書寫規範」的模塑，多少恢復其為生動的個人。

「污點忠臣」

不等塵埃落定，就開始了對於死者的甄別。其實在事件進行中，忠臣就已經在被隨時甄別，劃分等第。有「忠義」之目，固然因了有不忠不義；而同屬忠義，又有「忠」得「義」得程度的不同。此前對於天啟朝死於所謂的「奄禍」者，論者就作了種種區分。士人被訓練得極為精密的道德意識，在這種辨析上往往不厭其細。

魏禧將古今死難忠臣分作三等，「從容就義、視死如歸者」為上；「意氣憤激、一往蹈之者」次之；「平居無鞠躬盡瘁之心，及臨事時顧名思義，若不得已，而以一死塞責者」又其次，因為這種人「未免有所希冀，有所安排」（《魏叔子日錄》卷三《史論》，《魏叔子文集》）。另有更奇特的等第劃分，即如《鹿樵紀聞》中的「南都死難」、「南都愚忠」等名目。這裡判斷「愚」否取決於「忠」的時間：明亡（將亡、正亡）之時，「忠」即不愚；而南都已破，因剃髮令下，起而抗清，也就「忠」得愚了。吳易、閻應元、黃淳耀、徐石麒等人，就被歸入了這一類。自然要到了喘息稍定，痛定之餘，才有閒暇作上述區分。當著事變驟然來臨，因了亡國的強大刺激，孑遺之民急於聽到的，是諸種有關「殉」的消息，對無論何種原因的「臨難苟免」都痛心疾首。

對死者的追究往往在心理層面進行。即如認為死可以意味著追求道德人格的最終完成，也可以意味著放棄責任士大夫作這種辨析時，顯示了驚人的敏銳與識別力。苛論也就於此發生。黃宗羲《思舊錄·

陸培》說陳潛夫（玄倩）「無鄉里之行」，為清議所不容，「而以死節
一灑之」（《思舊錄‧陸培》，《黃宗羲全集》第 1 冊，頁 377），實在
像是誅心之論。在黃氏筆下，死被說得何其輕易！同一黃宗羲，寫到
魏學濂的不即死，就另用了一副筆墨（參看其《翰林院庶起士子一魏
先生墓誌銘》）。[11]顧炎武論宋代的陳遘，說此人的舊賬非但不能因死
而勾銷，甚至死不足以償其罪（《顧亭林詩文集》，頁 111-112）。在當
時，說宋人的事，往往就是說時事、近事。對於弘光朝中的「奄黨」
張捷、楊維垣的死，記述者往往持上述態度。[12]張岱的《石匱書後
集》，說張、楊乃「乙酉死，而非死乙酉者」，以其事附《乙酉殉難列
傳》，說「附之者，外之也」（卷三二，頁 194），也是一種別致的處
理方式。

　　由後世看去，其命運尤有戲劇性的，則是幾位我所謂的「污點忠
臣」，張家玉、陳子壯、傅鼎銓等。

　　關於張家玉在北京陷落後的行為，傳聞異辭，言人人殊。較晚出
的《小腆紀傳》記張「被執，上書於賊，請旌己門為『翰林院庶起士

---

11 關於陸培、陳潛夫交惡，與黃宗羲同時的張岱所記較詳，說陳「少年任誕，喜盡
　　言，觖人之過，鄉里多惡之。故典客陸培初舉進士，潛夫首難，為檄文逐之。兩浙
　　士子，多右陸培，攻潛夫甚力。潛夫於是徙家雲間，一時污蔑之言，置之不辨」，
　　此後毅然死節，「使生平之瘢垢俱盡」（《石匱書後集》卷四五，頁256、259）。其他
　　有關陳氏的傳記文字，敍事態度也與黃宗羲顯然不同。《明季南略》卷六《陳潛夫
　　合室沉河》記陳潛夫偕妻、妾，「夫妻姐妹聯臂共沉河死」，說陳、陸兩人「卒同殉
　　國，人鹹稱之」（頁297）。《南疆逸史》則記陳、陸交惡後，陳說「士貴自立垂不朽
　　耳，豈以翰墨爭是非哉」（卷一一，頁83）！
12 參看《鹿樵紀聞》卷上。全祖望以李清《三垣筆記》記張捷、楊維垣殉明為「失
　　考」（《跋三垣筆記後》，《鮚埼亭集》外編卷二九）。趙翼肯定《明史》關於張捷、
　　楊維垣之死的書法，即不以張、楊附南都殉難傳中（《廿二史劄記》卷三一《明
　　史》，頁456）。楊鳳苞《秋室集》卷一《南渡錄跋》說李清「列張捷、楊維垣於死
　　節」，「失是非之公」。李慈銘亦不以為楊維垣、張捷之殉節為真（參看謝國楨《增
　　訂晚明史籍考》卷一○，頁488）。

張先生之廬」，請褒恤范景文、周鳳翔等，降禮劉宗周、黃道周，尊養史可程、魏學濂。自稱殷人從周，願學孔子，稱李自成大順皇帝。自成怒，召入之，長揖不跪；縛午門外三日，恍以極刑，卒不動。曰：『當磔汝父母。』乃跪。時父母在嶺南，而遽自屈，人鹹笑之」（卷一八，頁 203）。與《明史》的敘述一致而稍詳（參看《明史》卷二七八）。與張家玉同為粵人的屈大均，撰《皇明四朝成仁錄》記張「數賊李自成十罪，被撻于五鳳樓前，垂死。偽軍師牛金星遣人說降，弗動。乘賊東出關，脫歸」。後為阮大鋮所誣，「會有為力辯者，得復原官」（卷一《東莞起義大臣傳》），全未寫到屈膝一事。《罪惟錄》也說「賊怒，系七日夜，勺飲不入口。會東師兵入，家玉間歸」（列傳卷九下，頁 1541）。《永曆實錄》的敘述與其他諸傳有不同：「北都陷，家玉衣斬衰，哭思宗皇帝于東華門，扣額搶地，血出被面，宛轉號啼不能起。賊守者義之，縱之逸，遂南奔歸裡。」（卷一八，《船山全書》第 11 冊，頁 496）《國榷》關於張家玉，所記又有不同。該書說張入見自成，「長揖不拜。自成問曰：『何禮也？』曰：『客禮也。』自成曰：『既已入朝，何客禮為？』曰：『明臣不拜他姓。』自成叱斬之，家玉仰天大哭。自成問以何哭，曰：『二親教子讀書，今日方完。』遂出不顧。自成命縛於端門，乃縱之去」（卷一，頁 6057）。徐秉義《明末忠烈紀實》但說其人被執後「以書投賊，頗自誇大，得脫歸」（卷一五）。邵廷采的《西南紀事》卻說「家玉罵賊被縛，賊愛其美秀而辨，釋之。家玉為文譽賊，乘間南走」（卷五《張家玉》）。「為文譽賊」，非同小可，未見之於其他人的記述。

　　陳子壯的故事也足夠曲折。屈大均《皇明四朝成仁錄》記隆武二年，佟養甲攻陷廣州，「子壯以母在城，乃剃髮詐降，得奉其母還九江堡」；永曆元年二月；遂與陳邦彥等人起兵（卷一〇《南海起義大臣傳》）。由該傳的文字看，屈氏顯然不以為陳子壯的「詐降」節操有

玷。[13]徐秉義《明末忠烈紀實》記當初李成棟入廣州,「子壯亦同何吾騶等入謁」,以為不過「志在成事」而「屈身行權」,無妨其為「忠烈」(卷一五)。《罪惟錄》只說佟養甲要陳出見,並沒有說明見否,像是有意含糊其辭(列傳卷九下,頁 1539)。《石匱書後集》則明確地說見了,只是「一見已脫去」(卷四九,頁 284),也語焉不詳。而其他多種傳記更像是有意隱沒其事。[14]當其時有「廣東三忠」(亦曰「粵東三烈」)的說法,所謂「三忠」、「三烈」,即張家玉、陳子壯、陳邦彥。倒是近人中,有將方以智與陳子壯歸為一類,以為均系有污點而需「晚蓋」者(見本書第一篇所引朱倓語)。

乾隆朝舒赫德、於敏中等奉敕撰「勝朝殉節諸臣錄」,陳述議諡的原則,說張捷、楊維垣輩「雖臨危不屈,而名麗閹黨」,因而不錄;「甲申謁賊苟免,其後乃堅拒我大兵」者如傅鼎銓、張家玉、衛允文、吳爾壎「均屛而不錄」(《欽定勝朝殉節諸臣錄》),卻將陳子壯列入「專諡」的二十六人中,理由應當是陳氏所「謁」非「賊」,而是清將佟養甲的吧,儘管該錄關於陳氏的簡介,沒有涉及其人與佟的交涉。[15]

---

13 屈大均甚至將張家玉、陳子壯比之于文天祥,說「吾鄉先達若陳文忠、張文烈及吾師岩野陳先生,憤舉義旗,後先抗節,其光明俊偉,慷慨從容,亦皆與文丞相同」(《書西台石》,《翁山文外》卷一〇。陳文忠,陳子壯;張文烈,張家玉;岩野陳先生,陳邦彥)。孟森以為由張家玉的「留身有待,伺隙南歸」,證明的是其人的「不以北都一破為絕望」(《東莞三忠傳序》,《明清史論著集刊》上冊,頁188)。

14 查繼佐寫在《罪惟錄》前的《國壽錄》,關於陳子壯之死,有如下記述:「李成棟追至九江村,令百姓曰:縛子壯至,免屠。百姓上子壯,闔九門而磔之。」(《便記‧節死雜記》,頁170)《明季南略》卻說張、陳舉義,「所在伏莽淫掠小民,燒毀村堡。家玉六月兵敗,自沉于江。子壯潛身高明(按高明為地名),複擁一村妓,因而被擒。」(卷一〇,頁351)我所讀過的諸傳記中,惟《南略》有關張、陳的敘述有顯然的貶抑。

15 朝外另有尺度。汪有典《前明忠義別傳》卷三二《國變難臣鈔記》說:「若傅、衛諸公,罪匪彌天,悔能晚蓋,固董狐之所必錄也」(按傅,傅鼎銓;衛,衛允文)。

　　沿襲了有明一代的風氣，直到清初，仍然「野史如鯽」（梁啟超語），可供想像這段歷史的材料，豐富到了令人無從取裁，對於同一事，卻不免眾說紛紜，傳聞異辭外，更有據個人好惡的褒貶取捨，於是有了人物樣貌在不同傳記中的變形。正史與野史從來有隱然的分工。這一時期士人的個人史述，如王夫之《永曆實錄》、黃宗羲《行朝錄》的一部分，得之於親歷，卻又因曾身在其間，不免有偏袒，有回護，未必就能得真相。凡此，緣於人的經驗的局限性、有限視域，也緣於「黨見」。全祖望說，以黃宗羲「見聞之博」，又親與錢澄之、金堡等人交，有關永曆朝的記述也仍然有他所認為的訛誤，「況他人乎」（《跋梨洲先生行朝錄》，《鮚埼亭集》外編卷二九）！

　　在我看來，被刻意掩蓋的材料，有可能隱藏了豐富的資訊即如張家玉那些被譏為迂腐的言論。張氏很可能將大順的取代明朝視為照例的改朝換代，故而要求大順循慣例搬演興朝故事，優容遺民，恤贈忠臣，尊養賢才，迂則迂矣，並沒有什麼可笑。[16]據說周鐘投降大順，有人對周說李自成殘殺太甚，萬難成事，周卻說「太祖初起亦然」（《甲申傳信錄》卷五，頁76）。說得並不錯。《國榷》記魏學濂「夜觀乾象畢，繞床而行竟夕，頓足起曰：『一統定矣！』」（卷一〇〇，頁6056）[17]《國榷》錄光時亨寄子書，其中有「諸葛兄弟，分任三國；伍員父子，亦事兩朝。我已受恩于大順，汝等當勉力詩書，以無負南朝科第」等語（卷一〇〇，頁6060），態度坦然，可知其對時局

該書卷十八有吳爾壎傳，卷二十五有陳子壯（附張家玉）傳，卷二十七有揭重熙（附傅鼎銓）傳。

16　《明季北略》卷二二附記張家玉上大順朝的《陳情書》、《薦人才書》，很可窺見其心跡。《國榷》所錄張氏文字略有出入，其中「得一仁人以收天下之人心，勝精兵百萬」云云（卷一〇〇，頁6061），未必不是真心為大順朝計。

17　談遷以為魏學濂所以降大順，乃因「惑於象緯，謂自成英雄，必有天下，思佐命功」（《國榷》卷一〇一，頁6080）。

的一種判斷。項煜也將自己的降順，比之于管仲、魏征（同上，頁88）。而張家玉的先屈膝于大順而後抗清，也因不以降於李自成與降於清朝等視之。三百年後柳亞子提到張氏這個「歷史家所聚訟」的人物，說張既被目為忠臣，「不應該先有歸順自成的故事」，卻又說對滿洲與對李自成，不是一回事，因為滿洲是外族，而李自成是中國人，「事明和事順」，似乎沒有多大區別（《紀念三百年前的甲申》，《甲申三百年祭風雨六十年》，頁55），未必不也是張家玉當年的思路。[18]

本書首篇已經提到李宏志《述往》中所記明朝與大順朝官員「同城共治」的怪現狀。吳麟徵在致其伯兄的書劄中也說：「流賊過河，直入三晉，偽官所至，士民郊迎，新舊設酒交代……」（《寄稟伯兄秋圃》，《吳忠節公遺集》卷二）「新舊設酒交代」，儼若同僚。這種令吳麟徵詫怪的現象，自有雖隱蔽曖昧、在當時卻未見得費解的邏輯。

參與了最後的抵抗而有「污點」的，尚不止張、陳。即如上文已提到的傅鼎銓。《小腆紀傳》卷一八記傅氏，說其人「北都之變，不能死，出謁賊，為鄉人所訕」；後抗清被逮，臨刑，「坐橋上整領衣就刃，行刑者手顫墮淚」，鄉人「爭賢之」（頁202、203）。吳爾壎，「京師陷，降於賊。賊敗，南還，謁史可法，請從軍贖罪……城破，投水死。」（同書同卷，頁201-202）據《明史》卷二九一，有李應薦者，「以附魏忠賢，麗名逆案」，到明亡關頭，「捐貲募士，佐有司力守城，城破，身被數刃而死」。《小腆紀年附考》說徐敬時「亦傅鼎銓、張家玉流也」（卷四，頁126）。如此看來，「傅鼎銓、張家玉流」的確不乏其人。由諸人的傳記看，洗刷污點，應當是極端行為的一部分動機。張岱《石匱書後集》記劉中藻，說其人當甲申之變，

---

18 由本書第一篇淩駉的例子看，則固然有一度降闖而終於抗清殉明者，也有不肯附闖而曾接受清朝官職終於抗清而死者，且各有其所以如此選擇的根據。

「以計潛匿」，卻被誤傳為從賊，「中藻憤此誤，必欲創為過人，以白其心於天下」（卷四九，頁285）。張家玉、陳子壯、傅鼎銓等人未必沒有這層心事。魯迅曾說過「革命部隊」戰士的「終極目標」不妨「極為歧異」，「或者為社會，或者為小集團，或者為一個愛人，或者簡直為了自殺」（《非革命的急進革命論者》），是洞見了人心之語。

當時的南京要求嚴懲降附，人言洶洶，有人糾刑部尚書解學龍「庇逆」，說「李賊固賊，而從賊之臣亦賊」（李清《南渡錄》卷四，頁199）；另有人主張以「從逆稱臣」者「比諸叛逆之律，籍其身家，捕其苗裔」，使其「不但身名不保，而且巢卵俱盡」（同書卷一，頁33）。儘管如此，朝堂上仍然發出了不同的聲音。史可法就主張對「從逆諸臣」區別對待，反對「毛舉而概繩之」（《論南歸從逆諸臣定罪疏》，甲申六月，《史可法集》卷一，頁30）。[19]朝外也有不同的議論。夏完淳說「君子不責人以死」，他以為「寇虜之際，乘間南逃者，其罪猶可逭；寇未敗而先歸者，情則最輕」（《續倖存錄》，《揚州十日記》，頁69。按「寇」指農軍，「虜」則清軍）。方以智就屬於「寇未敗而先歸者」。陳確區分「不死而逃歸」與「不死而從賊」；此外還作了其他種種區分（《眾議建吳磊庵先生祠疏》，《陳確集》文集卷一五，頁369）。顧炎武有詩曰：「人臣遇變時，亡或愈於死。」

---

19 李清《南渡錄》記史可法弘光朝關於處置北來官員的主張，即「宜將從逆諸臣，擇罪狀顯著者數人，重處示儆。若偽命未汙，身被刑拷者，皆當置勿問」；「其餘隱蔽北方，徘徊後至者，皆准戴罪討賊，赴臣軍前，因才酌用」；據該書，「疏奏，允之」（卷三，頁139）。徐鼒《小腆紀年附考》對此議論道：「此其事惟史公能變通之，而非蕺山、石齋諸賢所肯出者也」（卷八，頁272。蕺山，劉宗周；石齋，黃道周）。據《青燐屑》，當時就有因此而詆史氏「招亡納叛」、「藏汙納垢」者（卷上，《崇禎長編》，頁137）。李清同書還記李維樾說「逆之一字，未可概施。導賊略地攻城是逆，則偷生非逆；受賊顯秩要津是逆，則毀形非逆；受賊半職一官是逆，則受辱非逆……」（卷三，頁101）無非回到常識的見解。

（《濰縣》,《顧亭林詩文集》,頁 334。按「亡」即逃）王夫之在其晚年史論中說,「去亦死,守亦死」,「迫之以必死,則唯降而已矣」（《讀通鑑論》卷二二,《船山全書》第 10 冊,頁 857）。寫史者未必沒有此等見識。《甲申傳信錄》的作者就以為大順朝「一時罣入仕籍者,非必願仕之臣,其不入仕籍者,亦非盡不願仕之臣」（卷五,頁73）。由上文可知,出於對「人物」的愛惜,不一定要正面觸碰當時與忠節有關的評價系統,只是用一點敘事的花招,也有可能曲折地表達對苛論的異議。[20]

　　有趣的是,如何敘述弘光朝所謂「順案」（即明臣降大順朝者）,到了近代,仍然是一個難題。謝國楨《南明史略》用「歸順」或「投順」農民軍的中性表述,無非為了避開「明朝立場」;對史可法,則以「正義的愛國立場」、「民族氣節」、「民族英雄」評價,而不曰「忠明」、「殉明」。以史氏為「民族英雄」,也並非全無異議。據謝氏同書,就有人追問史可法「為什麼不能聯合大順農民軍共同抗擊清朝的侵略者」（頁 73）。其後顧誠的《南明史》試圖校正人們關於官紳地主與大順政權勢不兩立的想像,說事實是自 1643 年 10 月孫傳庭部主力被大順軍殲滅之後,明朝官紳的政治態度就發生了「根本的轉變」,其中的絕大多數人「把明亡順興看成是歷史上的改朝換代」,為了自身利益紛紛歸附大順政權（頁 3-4）。

---

20 《小腆紀年附考》卷四,徐鼒解釋對甲申陷落之際的部分明臣何以不曰「叛降」而曰「降臣」,說:「明諸臣之初心,非有背逆,偷生畏死以至此極也」,將魏學濂歸入此類。「吳爾塤、張家玉、傅鼎銓之晚節自蓋,所謂能改過者乎!」（頁 126-127）說得很厚道。汪有典關於方以智,說其人「為賊鉤索,枉遭刑辱,生逢亂世,勢難防免。唯晚節末路,力持人紀,君子重焉」（《前明忠義別傳》卷三二《國變難臣鈔記》）。徐同元《崇禎十七年社會震盪與文化變奏》在「千古忠臣之死」的標題下,將魏學濂與范景文、倪元璐、李邦華、施邦曜等人歸為一類,說其人自殺之前作《絕命詩》,「讀來極為感人」（頁36）,則又是今人的一種見識。

　　在明清之際的語境中，「純忠」亦如「粹儒」，有嚴苛的標準。評鑒當代優秀人物，孫奇逢好說「淋漓足色」。「足色」，應借用自對金子成色（即純度）的鑒定，謂絕無雜質；用之于衡人，自然極嚴極苛。馮夢龍《紳志略》記某「勳戚」將男女子孫十六口盡投于井，稱道其人為「死之最乾淨者」；關於劉理順，也說「死之最乾淨者」，因了劉氏的「妻妾及四僕俱死」（《甲申紀事》第二卷，頁 15、17）。忠臣要歷經磨難，才配稱「足色」。這種鑒賞態度中，未必不包含了隱蔽的施虐傾向。因了對「忠」的成色的計較，一旦被認為氣節有虧，縱使終於殺身，甚至迫令妻妾同死，也仍然不能免於疑論；證明了「足色」非但不易，有時也不情。

　　伺冠彪依據陳確本人的文字，詳細分析了陳的以「母老」為辭的不足憑信（《生與死：明季士大夫的抉擇》附錄《明遺民對殉國與否的抉擇及回應陳確個案研究》）。我則想到，父在、母老，被士大夫作為了不「殉」的理由（無論可信與否），證明的是即使在明清之際這種關頭，「忠」也非絕對的道德律令，士人仍然有可能依據經典論述，為自己找到生存（以及保有個人意志、意願）的理由在我們似的後人看來，是否「遁詞」，是否「巧言飾辭」，實在並不重要。如陳確這樣的士人，其生存策略就包括了將「忠」作為倫理原則相對化。他們在互為制約的倫理觀念的架構中展開論述，使「忠」受制於複雜條件，忠／孝之外，另如仁／義（以及夷／夏）。在我看來值得探究的，是「倫理結構」、「倫理觀念體系」內部固有的矛盾，為此有必要追根溯源，重構士大夫生存的初始情境。這已不是本篇所能勝任的了。[21]

---

21 我與「忠」有關的討論，見之於《明清之際士大夫研究》上編第一章第二節《生死》，同書附錄《由魚山剩稿看士人於明清之際的倫理困境》，《制度．言論．心態明清之際士大夫研究續編》下編第五章《君主》。

　　不同于范景文、陳子龍、祁彪佳，張家玉、陳子壯以及方以智當其時演出的，是另類故事，較之于被時論稱許為「純忠」者，那故事遠為曲折複雜，也更能示人以易代的瞬間士大夫選擇的艱難。卻也應當說，如方以智者，雖名在「從逆六案」（參看本書首篇），並未見黜于此後的遺民錄。其人出入永歷朝重臣的府邸，不曾接受任命，若即若離，飄忽來去，更是一介書生。這個人物將易代之際士大夫政治經歷的曲折、身份之不確定，演繹得淋漓盡致，也令人看到了既有的分類標準的粗糙、簡陋。僅由這個人物也可以知道，在一個對道德純潔性極其苛求的時期，衡度中仍然保有著彈性。正是這彈性，為士大夫留出了騰挪的空間，也證明了在「純忠」與「逆」、「貳」之間，有諸種中間層次，有介乎忠與不忠的豐富的仲介狀態。賴有彈性，選擇的餘地、空間，賴有諸多差異，才能界定「忠」。「忠」作為倫理規範，是要由其限度、邊界，由其與其他倫理規範（如「孝」）的關係才便於言說的。

不經之談

　　褒揚「勝國」忠義，從來是興朝證明其合法性以及權威性的一種動作。表彰者借大規模的表彰活動肯定自身，彰顯其作為傳統的價值觀的維護、宣導者的身份儘管被盛讚的忠義，有可能正是被它置於死地的。魏禧就曾說到那種悖論式的現象：「夷齊死商難，反以礪周貞」（《詠史詩和李鹹齋》，《魏叔子詩集》卷四）。俞忠孫輯《越殉義傳》引鄒漪語：「聲其罪未始不憫其心，殺其身未嘗不高其義」（參看謝國楨《增訂晚明史籍考》卷一七，頁 748），在近人讀來，不免諷刺。聲其罪而憫其心，或許勉強可以算作體貼人情；殺其身而高其義，則無非政術、統治術而已。至於降附清廷的明臣，當定鼎時錄用之，

「以靖人心而明順逆」，事後則黜之以「風勵臣節」，此一時彼一時，也無非權謀之用。在褒獎忠臣的儀式活動中，死難者作為新朝的道德資源而被功能化、「忠義」被抽象化了。忠於誰不再重要，重要的是忠於君／國之為原則。經由這種表彰，使得士民知所趨舍，是道德方面的「教育運動」。[22]至於遺民以及有遺民傾向者，未必不自覺且主動地參與此種由新朝主持的旌忠活動，無論為了「存史」還是其他。他們在承認正史的權威的同時，間接地接受了主持纂修的新朝的合法地位凡此，均有成例，沒有人會去深究。

被認為「純忠」者，不免於身後的被神化、神話化也是忠臣的一部分命運。在這一方面，士大夫與「大眾文化」趣味未見得不同。正史與野史，記述忠臣均不乏不經之談。《鹿樵紀聞》記張家玉「身中九矢，策馬赴澗水而死。經數日，王師得之，顏色如生，鬚眉猶怒張欲動也」（卷下《粵東三烈》，《揚州十日記》，頁186）；《石匱書後集》說陳子壯被磔，「時白日忽暗無色」（卷四九，頁285）。這還算不得神奇。《罪惟錄》寫陳子壯被磔後「懸首當衢，中夜有光四射」（列傳卷九下，頁1539），就有幾分怪異了。黃宗羲筆下，左懋第被害，「殺之無血，唯白乳滿地」（《行朝錄》，《黃宗羲全集》第2冊，頁108）；同篇還記有朱永佑死，其僕人背其出城，流血沾衣，僕人哭道：「主生前好潔，今無知耶！」血遂止（頁140）。黃氏為浙東史學巨擘，對此類無稽之談，竟然也寧信其有；或雖不信，卻為了教化的

---

22 據《國榷》，洪武六年四月，明太祖「命有司春秋祭元御史大夫福壽廟，曰：『疾風草勁，板蕩臣忠，所以勸也』」（卷五，頁484），將意圖說得很明白。清代的表彰明末忠義，舒赫德、於敏中等奉敕撰「勝朝殉節諸臣錄」，也明確說明意在「褒獎忠貞」以「風勵臣節」，「闡明風教，培植彝倫」。乾隆四十年上諭就有「崇獎忠貞所以風勵臣節」云云（參見《欽定勝朝殉節諸臣錄》）。該《錄》也將明末忠臣劃分了等級見之於「專謚」、「通謚」的區分，又見之於通謚之「忠烈」、「忠節」、「烈湣」的區分，不厭其細。

目的，有意不加甄別。王夫之記嚴起恒被孫可望的爪牙摑墜水，「薨數日，虎從水中負屍出岸上，膚髮無損」（《搔首問》，《船山全書》第12冊，頁627），也將荒誕不經的傳聞作為「事實」敘述。更詭異的是，據說楊廷樞臨刑，大聲說「生為大明人」，頭墜於地，又說「死為大明鬼」（《南疆逸史》卷一三，頁92）。是不是有點恐怖？[23]

在通常的忠臣傳記中，其人雖遭橫死，死相總不惡，或直立不僕，或面目如生，蠅蚋不叮咬，屍身不腐爛將「不朽」這層意思如此地表達了。不止於精神不死，更有諸種神異靈應，已成忠臣傳記書寫中的慣套，似乎非如此不足以表達對於忠臣的敬意。我們的古人相信忠義能通神明。世俗樂道且樂於傳播的，從來包括這類神跡。吸納民間敘事，將「小說」作為實錄載入正史，又出於表彰忠義（「先正典型」）的意識形態要求：忠義神話被作為「國朝」歷史（或其前史）的一部分，正可與王朝的開國神話相映照。關於修志，章學誠說過，「其有事涉怪誕，義非懲創；或托神鬼，或稱奇夢者，雖有所憑，亦不收錄」（《修志十議》，《文史通義校注》，頁845）；那麼，倘若義關懲創，縱然事涉怪誕，是否可以收錄？繆荃孫批評查繼佐《罪惟錄》

---

23 關於瞿式耜、張同敞之死的敘述，有諸種版本。瞿元錫《庚寅始安事略》記瞿、張遇害，「頃刻雨驟風馳，當空震雷三擊」（《崇禎長編》，頁201）；當殯殮時瞿「張目如炬，目睛不動，而神采煥然」（同上，頁202）。《小腆紀年附考》曰張同敞死，「屍不僕，首墜地，躍而前者三。頃刻大雷電，雪花如掌，空中震擊者亦三」（卷一七，頁654）。徐鼒譏「有明人士不學而嗜奇」，妄聽、妄言，熱衷於傳播「不經之談」（同書卷一三，頁519-520），他本人的《小腆紀傳》、《紀年附考》，就很錄了些不經之談。這類記述不勝枚舉。《南渡錄》記左懋第被殺，「忽沙風四起，屋瓦皆飛，卷市棚於雲際」（卷五，頁280）。許德士記盧象昇死，「是日怪風颳屋，天昏霾，日無光，日旁有兩小日，如卵，色白如月」（《戎車日記》，《盧忠肅公集》卷一二）。以無稽的傳聞入史，亦有傳統，有時即為了證明「報施」之公。鄭思肖記文天祥被斬，「頸間微湧白膏，剖腹而視，但黃水，剖心而視，心純乎赤」（《雜文‧文丞相敘》，《鄭思肖集》，頁128）。明清之際楊廷樞特別注意到這段記述，說「如『頸間白膏』之事尤異」（《心史跋》，《鄭思肖集》附錄一，頁305）。

「喜說乩夢，談徵應，惟恐不奇，覺有俶詭之氣，似非史氏之正宗」
（《藝風堂文漫存》卷四，參看謝國楨《增訂晚明史籍考》卷一，頁
3），前此全祖望卻以為此類傳聞「雖涉於怪，亦可以吐人不平之
氣」，且合于「人心之公」（《讀使臣碧血錄》，《鮚埼亭集》外編卷二
九）。「傳信」的原則就此讓位於教化一類極世俗功利的目的。以至祝
淵想記述吳麟徵的生平，說吳氏沒有時人所豔稱的奇行奇節，不好下
筆[24]是對其時風氣的委婉的批評。[25]

　　我們的歷史想像不能不憑藉經了層層塗染的文獻。我們只能在塗
飾下尋找「真相」，在諸種敘述的扞格處、在圓融說法的縫際間探測
「真相」。儘管有可能被「立異」的企圖所誘導，距所謂的真相更遠。

　　那是個需要故事的時刻。強大的渴望激發了想像，尤其在需要鼓
舞人心、獲取信念的關頭。有關忠臣的敘述，包含了那個時代有關道
德「極境」以至於超拔之境的想像與嚮往。不惜違反常識，也無非為
了滿足這種想像與嚮往。被敘述的忠臣有可能生而岐嶷，或者竟是某
位大忠臣的後身。比如說史可法之母「夢文信國入其舍而生可法」

---

24 祝淵說：「自古史家得意之文，大抵皆寫偏節獨行之士，易以揚扢短長見致」，如吳
　氏的「純德醇行，所履者皆人臣之常矩，君子之恒節，不可以偏駁之詞寫之。始知
　中庸非惟不可能，正惟描寫亦不易耳」（《祝月隱先生遺集》外編卷下吳蕃昌《開美
　祝子遺事》）。

25 也有雖非「不經」，卻不免過分塗飾者。如上一篇已經提到的關於祁彪佳之死的記
　述。年譜記祁彪佳自沉，「正襟垂手斂足坐，水才及額，有笑容」，所據或即祁熊佳
　所撰祁彪佳《行實》。該篇說親友「見梅花閣前水際露角巾寸許，亟就視，先生正
　襟踟跌而坐，水才過額，衣冠儼然，面若有笑容」（《祁彪佳集》卷一〇，頁240）。
　張岱更加渲染，說「柳陌下水中石梯，露幘角數寸」，祁氏「正襟危坐，水才過
　額，冠履儼然，須鬢不亂，面有笑容」（《石匱書後集》卷三六，頁218）。前此天啟
　奄禍中高攀龍赴水，據說「端立水中，口不入勺水」；劉宗周的評論是：「先生平生
　學力堅定，故做得主張如此。」（劉汋撰劉宗周年譜，崇禎元年）無論祁彪佳還是
　高攀龍，記述都強調其人的死既體現了最高的道德境界，又不失美感，或者說不
　因死亡恐怖而損害了美感。

（《鹿樵紀聞》卷上，《揚州十日記》，頁 93-94。文信國，文天祥）。吳麟徵與文天祥也像是有某種神秘的聯繫。《弘光實錄鈔》記吳氏天啟朝曾夢入神祠，見劉宗周書寫文天祥「山河破碎，身世浮沉」之句（卷二，頁 39）。《甲申傳信錄》敘述的故事有不同。該書說吳氏應科考，「放榜之夕，夢一人叉手向背吟曰：『山河破碎風飄絮，身世浮沉雨打萍』。」（同上，頁 44）類似情節見之於多種著述，可知為人樂道。《罪惟錄》記張家玉夢到「雲中似有人授書」，醒了之後回憶，「若以為文信公雲」（列傳卷九下，頁 1543）。凡此，或出於本人的自白，或由時人或後人附會，人們也寧信其真。

近人的以農軍立場敘述農戰史，自然消解了忠臣之為神話。《豫變紀略》欒星序曰：「河南為李自成消滅明軍有生力量的主要戰場，始而破洛陽、戕福王，繼而斃傅宗龍于項城，戮汪喬年於襄城，殲楊文岳于汝寧，三圍名城開封，到兩敗孫傳庭于汝州……」對明忠臣，用的是「斃」、「戮」、「殲」等字樣。魏斐德則試圖還原其時的情境。他這樣描寫揚州城破前清軍勸降的一幕：「那天，史可法站在揚州城防工事上，在眾人面前俯視著滿軍使節李遇春……」（《洪業清朝開國史》中譯本，頁 509）他進而想像多鐸（清豫王）審問史可法的場面，想像當著「粗壯、面色陰晦、仍然穿著帶有血跡衣服的中原將軍」史可法面對「身材魁梧、衣著華麗的滿族王侯」多鐸時構成的強烈對比（同書，頁 513），借用了小說筆法。該書關於揚州城破前史可法的心理描寫，表達的毋寧說更是一個外國學者對中國士人動機的猜測，雖不免於隔膜，卻為中國的同類著述所未見（參看該書中譯本，頁 505-507）。

具有諷刺意味的是，清初被認為可以媲美于文天祥的，另有當朝的忠臣。如三藩之變中殉清的範承謨（參看李漁《祭福建靖難總督范觀公先生文》）。馬雄鎮家族的殉明與殉清，甚至被認為有其一貫，後

先輝映。忠臣殉清被認為堪與明朝相比，這種敘述，更足以證明清的統治的合法性被普遍承認；在這種意義上，範承謨、馬雄鎮的殉清，較之平定三藩之變，意義未見得不重大。國外學者認為由這些忠臣事蹟尤其人們對這些事蹟的態度看，「歷史終於回到了原來的位置，而清朝如今已同明朝完全相稱了」（魏斐德《洪業清朝開國史》中譯本，頁 1020）。《洪業清朝開國史》於此說：「馬氏家族的殉難還激發了百姓的想像力，因為他們總結了天命由一個王朝轉向另一個王朝的緩慢而難以駕馭的進程：祖母（疑誤）是一個明朝忠臣；父親歸順于滿洲；兒子是一個清朝忠臣。」這或許更是作者的推想，卻並非沒有道理。接下來該書說，「這是三代人的經歷，也是中華帝國六十年的歷史」（同上），就不免誇張了：為求敘述的完整，作者是否給了「清朝開國史」一個太像結局的結局？

如上的敘事策略也並不為國內學者所熟悉。他們太熱衷於表彰歷史上的正面典型以便「古為今用」，即使在上個世紀三四十年代之後，像是依然未能脫出明清之際的語境。即如商鴻逵，就認為不但侯方域，「即是如魏裔介、熊賜履等人，清朝尊之『先正』，也不配稱為時代的正面人物。正面人物應當是張煌言和洪育鼇」（《清初內地人民抗清鬥爭的性質問題》，《明清史論著合集》，頁 74）。也就是說，就清初而言，「時代的正面人物」只能是反清志士、義民。

最後的抵抗者

孟森《明清史講義》批評明修元史，僅以擴廓帖木兒事附見察罕帖木兒傳，說擴廓「從順帝出亡後，尚有屢圖興複之兵，《元史》竟截去不載」。尚不止於此，《元史》還「有意遺落」了陳友定及元宗室

把扞剌瓦爾密殉元的事蹟,「至《明史》乃紀之為群雄之列」。[26]而「清又于《明史》中遺張煌言、李定國、鄭成功等,今乃入《清史稿》。此與明修《元史》有意遺落擴廓等若相應和」(頁18)。一個較為方便的解釋自然是,上述人物直到新朝修前朝史的時候,仍然沒有失去敏感性。

兩部正史「有意遺落」的,均為堅持最久、撲滅最後的抵抗者,[27]儘管以何時為「最後」,未見得容易確認。或許當時的問題在於,當著大局已定,對於張煌言、李定國、鄭成功這類頑固的抵抗者,忠/叛如何厘定?

冠冕堂皇的話,清帝是說過的。《小腆紀年附考》記康熙三十九年詔曰:「朱成功系明室遺臣,非朕之亂臣賊子。」(卷二,頁794)乾隆四十年十一月上諭也說,「雖福王不過倉猝偏安,唐、桂二王並且流離竄跡,已不復成其為國,而諸人茹苦相從,捨生取義,各能忠於所事,亦豈可令其湮沒不彰?」(參見《欽定勝朝殉節諸臣錄》)該《錄》予諡、入祠的「殉節諸臣」中有張煌言,卻沒有鄭成功、李定國。[28]

無論明史館臣如何處理,在我所見其他有關擴廓帖木兒、陳友定,以及張煌言、李定國的記述文字中,諸人無不是偉丈夫。其中李

---

26 孟森說:「友定之殉元,尚在順帝未遁之時,何以亦不與察罕為同類?至把扞剌瓦爾密,尤為元之宗室,據其封國,不肯降明而死,何為與群雄同列?」(頁18)

27 擴廓死於洪武八年(1375)。張煌言死於康熙三年(1664),距瞿式耜順治七年(1650)被殺已十五年。李定國死于康熙元年(1662)六月,鄭成功則于同年五月卒。據《罪惟錄》鄭成功傳,直至己酉(即康熙八年),鄭氏餘部仍稱永曆二十三年(列傳卷九下,頁1571),可證抵抗的倔強。

28 《小腆紀傳》記夏之旭牽連于陳子龍之獄,清當局「搜求餘黨,坐以叛名」,夏氏對此坦然道:「新朝之所謂叛,乃故國之所謂忠也」(卷一七,頁191)。該書作者徐鼒也說,「周之頑民,殷之義士也」,以為應當以故明忠義之士與吳三桂、耿精忠之流相區別,後者乃「自為叛逆,與明無與」(《小腆紀年附考》卷一五,頁599)。

定國以及本書首篇已經提到的李來亨，尤稱另類。邵廷采《西南紀事》關於李定國，說其人「驍勇超逸」（卷一《李定國》）。《南疆逸史》李定國傳，曰其人「素以勇猛稱」，「性抗直，與人無私曲」，「不以威淩士類」（卷五二，頁409）。[29]《小腆紀年附考》說李定國的所為，其艱難更在宋末陸秀夫等人之上（「事更難於厓山」），贊許其人為「古之烈丈夫」（卷一九，頁743），說此人「關於明者大矣」（卷二，頁777）。不止一部私人史著採用了鄧凱《求野錄》的記述，說李定國所葬地，「至今春草不生，蠻人過之，輒跪拜而去」，以證明其人感人之深。

值得注意的，是出之于名遺民的對於李定國、李來亨的評價。曾任職永歷朝的王夫之，在其《永曆實錄》中對李定國、李來亨記述尤詳，評價幾無保留，為同類著述所罕見。尤其李來亨（見該書卷一五《李來亨列傳》）。近人著作中關於李來亨的記述，主要或即據此。《永曆實錄》極寫李定國對永曆的忠貞不貳；寫永曆覆亡後李來亨據山砦抗拒，寧死不降，說「來亨敗沒，中原無寸土一民為明者，唯諸鄭屯海外」（卷一五，《船山全書》第11冊，頁482）。茅麓山抵抗的意義，由王朝存亡的角度被高度肯定。我所見為李來亨立傳且詳記其「最後的抵抗」的，《永曆實錄》外，尚有《罪惟錄》。該書說因了李來亨，「戊申曆益算三年」，來亨有功於明朝，更在定國之上（列傳卷九下，頁1562），顯然出於遺民的考量。[30]黃宗羲稱道李定國的軍事才能，說其「桂林、衡州之捷，兩蹶名王，天下震動，此萬曆以來全

---

29 作者于此傳後議論道：「草昧之際，自盜賊奮為名臣者，不可勝數。由此觀之，草澤何嘗無奇材哉！」以李氏與「出自科甲自附于儒雅者」比較，結論是「盜賊猶賢于甲科之標榜者」（頁412）。

30 永曆十五年永曆被害，李定國病逝，三年後（即甲辰，康熙三年）清軍攻陷茅麓山，李來亨自縊。

盛之天下所不能有」(《行朝錄》卷五,頁 168),惜功敗垂成。[31]優異
稟賦不足以改寫歷史,亦今人所謂的「形勢比人強」,是傳統的悲劇
主題,卻也校正了「明末無人(即乏才)」的流行見解。不惟明末,
元末也決非「無人」。這無疑複雜化了關於明亡以至元亡的想像。

即使沒有為李定國立傳,如上的輿論也仍然影響了「正史書
法」。全祖望就注意到《明史》桂王傳於永曆死後大書曰「李定國
卒,其子以所部降」,而後終卷,認為足以顯示李氏之死關係永曆朝
之大(《題也是錄》,《鮚埼亭集》外編卷二九)。

李定國的英雄性格在近人的幾部南明史(如謝國楨、顧誠所著)
中都得到了刻繪。郭影秋撰《李定國紀年》,更以之為「一代完人」
(見該書序言)。如若用了「階級鬥爭」的尺度,李定國、李來亨這
樣的人物,不免被歸類為農民軍的叛徒的吧,卻由「民族鬥爭」的方
面,被指認為「民族英雄」。孟森的《後明韓主》,是一篇夔東十三家
(也作「隴西十三家」、「川東十三家」、「荊襄十三家」)考、李來亨
事蹟考。他依然沿用舊有標準,說「來亨以舉家自焚終,是為殉明之
最後而最烈者」(孟氏著《明清史論著集刊》上冊,頁 78)。孟氏以
李定國為「永曆朝最後之忠臣」,張煌言為魯監國最後之忠臣(《明清
史講義》第二編第七章,頁 355、359),強調的無不是「最後」。[32]蕭

---

31 謝國楨稱道《永曆實錄》「對於農民軍領袖高必正、劉體純、李赤心、李來亨等,
皆為立傳,記其戰功,存其事蹟」,說「賴有此書,農民軍英勇不屈之精神,得以
大顯於世」(《增訂晚明史籍考》卷一一,頁537),以此為該書的特殊貢獻。還說黃
宗羲的《永曆紀年》(即《行朝錄》的《魯王監國》)雖對荊襄十三家軍有偏見,但
對李定國桂林之捷評價甚高,「對農民軍之戰績,可雲推挹備至」(同上,頁538)。

32 該篇說:「是為明在全國陸地之上最後亡統,惟臺灣未隸版圖,猶存魯王之裔;然
鄭氏自成功亡後,亦不多有為明之意矣。……其至死不變者,惟郝永忠、劉體純、
袁宗第諸人,而以李來亨之全家慘殉為最烈,是可紀矣。」(頁83)該篇據清《聖
祖本紀》,說李來亨、郝永忠(即郝搖旗)之殉明,與張煌言之被俘,「奏報先後僅
五日」;張與李、郝「數千裡外,同時就義」(頁81)。

一山的《清史大綱》也強調「最後」，說李定國「雖出身微賤，因感于小說家言，頗以孔明輔漢自詡，後受邀擊不過，憤懣殉身，竟為明朝三百年忠臣之殿」（第一章，頁11）。

鄭成功的故事情節則稍為複雜。在國外學者的筆下，這個人物有令人捉摸不定的成分，行為動機有時顯得曖昧。司徒琳就詳細記述了鄭成功與清廷議和的過程（《南明史（1644-1662）》中譯本，頁148-155），為我讀過的其他幾種《南明史》所未見。徐秉義的《明末忠烈紀實》，無論「殉唐傳」（卷一三）還是「殉魯傳」，鄭成功均不在其中。全祖望曾批評「世之論成功者，譽之或太過」，他引順治的話，說鄭成功曾對清「投誠上表」，乃「反覆之徒」（《題海上遺志錄》，《鮚埼亭集》外編卷二九）。前此邵廷采也相信張煌言雖曾與鄭成功合作，兩人的「志」並不同。其《東南紀事》卷九《張煌言》記張氏懷疑鄭成功志本不在存明（「彼意似不欲本朝復興」，「且彼無愛民之心」）。[33]由傳記看，在鄭成功，與其說「忠明」是他的選擇，不如說是他的處境。

我還注意到，在傳記作者的筆下，上述人物無不偉岸挺拔，異于常人。《小腆紀傳》說張煌言「生而神骨清遒」，「豪邁不羈」（卷四四，頁440）。《永曆實錄》則寫李定國「長八尺，眉目修闊，軀幹洪偉，舉動有儀度」（卷一四，《船山全書》第11冊，頁470）。《罪惟錄》更記李定國「有文儒氣象，謙恭下士，兵律精」（列傳卷九下，

---

33 邵廷采記張煌言與魯王的關係，說張「慮鄭氏（按即鄭成功）見疑，十年未敢入覲」。《罪惟錄》也寫到張刻意「釋疑平忌」，「以鼓鄭必往之氣」（列傳卷九下，頁1565）。《南疆逸史》卻說鄭成功「果毅忠諒」（卷五四，頁436）；說鄭彩奉魯王，而鄭成功「自以閩臣」（同卷，頁427。按閩臣即隆武臣）。該書《凡例》辨鄭氏與魯、閩，較為平情。全祖望也承認對於魯王，鄭成功父子均無「背逆」事（《鮚埼亭集》外編卷四三《答陸鈶繶編修論三藩紀事帖子》）。《小腆紀年附考》則說鄭氏海外闢地，存明正朔，「忠義自誓，仇親兼用，臨幾決策，賞罰無私，亦可謂人傑矣哉」（卷二〇，頁776）。

頁 1555）。黃宗羲筆下的鄭成功「丰采掩映，奕奕耀人」（《行朝錄》卷一一，《黃宗羲全集》第 2 冊，頁 194）。《南疆逸史》也說鄭成功「英毅有大志，豐儀峻整，瞻視非常」（卷五四，頁 426）。忠義故事的主人公要這樣，才更令人神往。

你要較為細心，才會留意散落在傳記文字間的忠臣遺屬的遭際。馮夢龍《紳志略》據傳聞記倪元璐死，「賊」「相戒不敢犯其室，妾王氏與幼子迄無恙」（《甲申紀事》第二卷，頁 16）。[34] 並非「遺屬」都這樣幸運。關於徐石麒的後人，魏禧就說，「凡盜賊、水火、獄訟相連及，幾滅門者再，喪身者四」（《一品恩蔭太學徐君墓誌銘》，《魏叔子文集》卷一八）。這大概是那時的人們更習聞的故事。賴有高彥頤的一項研究，我們獲知了祁彪佳自沉後其夫人商景蘭的命運。高彥頤告訴我們，商氏的「男性親屬所取得的藝術和政治成就，特別是其丈夫的殉難，都提高了她作為節婦和祁家家長的威望」（《閨塾師明末清初江南的才女文化》中譯本，第六章，頁 242）；商氏長達三十年的寡居生活，「使她在家內領域擁有了自由和受人尊敬的空間。她教授女兒、兒媳詩歌，與她們唱和，並為其他女性的作品寫序跋」（頁239），並以自己為核心，組織了一個上層社會女性的『『社交性』社團」。在這種敘述中，孀居的商氏更像是其夫殉明的受益者未亡人因丈夫的道德形象而提高了自己的地位。商景蘭詩作中有《悼亡》一首，曰：「公自成千古，吾猶戀一生。君臣原大節，兒女亦人情。」（《祁彪佳集》附錄《商夫人錦囊集》，頁 260）「吾猶戀一生」，「兒女亦人情」，話說得很實在，並不因自己選擇了活著而羞慚，是你在文獻中連篇累牘的節婦烈女故事中讀不到的。

忠臣身後的故事不也有其豐富性？

---

34 陳濟生《再生紀略》記李自成軍在北京「淫劫」，「惟殉難者門書『忠臣』二字，秋毫不犯」（下，馮夢龍輯《甲申紀事》第五卷，頁92）。其他忠臣傳狀中也有此類記述。

忠義—遺民

本篇題目中的「忠義」，即忠臣義士，是一種身份（而非指德行）。正史列傳有此類別。當然，此類的成立，正賴歸入其類的人物有「忠」、「義」的德行與事蹟。正史關於「忠義」，有未必明確的界定；《忠義列傳》所收入的，通常是因「忠」因「義」而身殉者。至於「遺民」，則有可能歸入「隱逸」一類（如《明史》），對「遺」、「逸」不更作區分。「遺民錄」之創設，或許就意在由模糊籠統的「隱逸」中，劃出「遺民」之為類；儘管在具體選錄時，標準仍然未見得明確與一致。卓爾堪輯《遺民詩》，堵胤錫以及上文提到的傅鼎銓均有詩入選；乾隆年間全祖望有《移明史館帖子五》辨「隱逸」、「忠義」，以為凡不仕二姓者，均應歸入「忠義」（《鮚埼亭集》外編卷四二），也像是有意混淆了作為身份與作為德行的「忠義」。「混淆」，更像是一種言述策略，提示「遺」的不可混同於「逸」，從而肯定、提升「遺」的倫理價值。對於明遺民事蹟的保存、傳播，全氏本人確也為力甚巨。拙著《明清之際士大夫研究》下編《明遺民研究》首辨「遺」、「逸」。在我看來，「遺民」未必可以作為不死的「忠義」；「遺」、「逸」，也並非就判然兩途，絕無交集。[35]文獻中更常見的，是亦遺亦逸，因遺而逸，由遺而逸。對此下文還將談到。

蕭一山《清史大綱》中說，「中國是家族宗族的社會，對於民族

---

35 李因篤為王弘撰做壽序，說：「士君子立身之大閑，仕、隱二者而已，而隱之義亦有二：嘉遯林岩，遺世以為高，甚則離其天屬，躬膺困瘁而罔顧，所謂『固隱』也。無意圭組，而不為詭激戾俗之行，亦不必岸然自絕於當世之君大夫，究之史冊，書為『處士』而無遺議，所謂『通隱』也。」（《王徵君山史六帙序》，《續刻受祺堂文集》卷二）以王弘撰為後者，即隱而不「固」的一類。說「隱」而不說「遺」，可以由同文中下面的話來解釋，即「君子不得志則蓬累而行，此無關於世之治亂也」。

意識、國家觀念向來很薄的,所以在異代興替的時候,朝統變更,無論姓趙姓李,胡人漢人,都無所謂,忠君愛國也有相當限度的。」(第一章,頁12)似乎沒有考慮到歷時的變化。王夫之就說過,「漢之亡,無一仗節死義者」;「唐之亡尤為可恥」;「宋之亡,殉國者可稱多士」;至於明之亡,「自台輔以至郡邑之長,與河山俱碎者,赫奕林立,古無其匹」(《搔首問》,《船山全書》第12冊,頁644-645)。何以有如上的演變,論述已多,不在本篇討論的範圍。

當明清之際,忠臣與遺民應當是最有「在歷史中」的自覺的士人。他們中的有些人生前就著手準備自己的傳記材料(如陳子龍的自撰年譜),甚至預先知道自己將是忠臣榜、遺民錄中人。啟示了與「身後」有關的想像的,無疑是既往的歷史文本。後之視今,亦猶今之視昔。「在歷史中」的自覺勢必規範著生前的行為,參與了對人的塑造。黃宗羲說「茫茫然尚欲計算百世而下,為班氏之《人物表》者,不與李、蔡並列」(《壽徐掖青六十序》,《黃宗羲全集》第11冊,頁64。李、蔡即李陵、蔡邕)。由上文也可知,不惟忠臣、遺民,即所謂的「貳臣」,當抉擇之際也各有參照。對於那些尤具歷史意識者,無論劇情還是角色命運,事先均已經決定了。

也如忠義的所以「忠」、「義」,有可能互有不同,即使那些自覺的遺民,其所以「遺」,也不大會有一致的理由。儘管相當一些遺民的確因「忠」而成「遺」,示人以不仕新朝、懷念故國的姿態,籠統地以「忠」界定遺民,仍然有可能尺度狹窄,忽略了明清之際這一特定時段士大夫道德實踐及其含義的豐富性。被當世指為遺民者,自我期許未必僅在於此。[36]拒絕新朝非即「忠於」故國;懷念故國也未見

---

36 陳去病《明遺民錄》自序曰:「朱明建國三百載,德澤滂沛,洽于人心;及其亡也,獨無可罪」,以此解釋明遺民的「懷恩先帝、恩戴本朝」(參看謝國楨《增訂晚明史籍考》卷一七,頁753)。這自然是反清志士的特別的解釋,明遺民卻未必作如是觀。

得意味著對故國無所保留，放棄批評態度。遺民中很有幾位，批評起有明一代（尤其明初）的暴政，詞鋒犀利，甚至擬之于「暴秦」（參看拙著《制度·言論·心態明清之際士大夫研究續編》下編第五章《君主》）。「純忠」、「淋漓足色」，可以用來形容忠臣，卻不便用之于遺民。反清非即複明。而在當時或後世的敘述中，反清與複明往往是二而一的。將忠義、遺民一律以「忠明分子」指稱，即失之籠統。以為遺民無不志在「複明」，更出自後人的想像。即使那些的確曾從事於「恢復」者，其生存狀態、心態也會有因時的變化。遺民的操守為當世所看重。「操守」也並不都落實於「忠君」，到了後來，更像是指對自己的當年、當初的選擇的堅守。商鴻逵不欲用「複明」涵蓋其時的反清活動（參看其《清初內地人民抗清鬥爭的性質問題》，商氏著《明清史論著合集》）。商氏的分析至今仍有有效性。還應當說，「忠義」、「遺民」、「貳臣」更像是極態，其間有諸種仲介；同一類別更有形態的諸多差異。遺民之為「族群」，與其說基於共性，毋寧說更因了豐富的差異。簡陋的分類方式，無疑將歷史生活大大地化簡了。[37]

蕭啟慶將宋元之際的遺民分為「激進」、「溫和」與「邊緣」三型，說「『邊緣型』之遺民，乃指其人政治態度模棱兩可，雖然忠於宋室，卻不排斥元朝統治，亦不避諱與北人為友。而且政治行為前後不一，或是先歸隱山林，而後出仕元朝；或是先歸順元朝，卻又罷官歸田，並不失遺民節操」，即以周密、方回為例（《宋元之際的遺民與貳臣》，《內北國而外中國：蒙元史研究》，頁 151）。方回這樣的人物，也如錢謙益、吳梅村，即使其詩詞中大有「故國之思」，也必不

---

37 梅爾清認為，清初士人之間「沒有明顯的類別和流派」，那個時期「一切都是不穩定和可塑的」，將他們劃分為忠臣、貳臣是後來的事情（《清初揚州文化》中譯本，頁25）。她所謂的後來，應當指社會秩序穩定、政治威權確立之後。到這種時候，不再需要軍事對抗時期的功利考慮，類別的劃分從屬於新朝的意識形態建構的需要。

能入明遺民錄的吧。可見蕭氏所謂「遺民」，與明清間人已有不同。[38]

在當時的敘述中，遺民與忠義似乎各自認領了使命。陸隴其《楊碩甫詩序》說，瞿式耜殉難粵西，而楊氏「出入於鋒鏑之間，負其遺骸，收而殯之，義聲動三軍，武夫悍卒皆為感泣，無攔阻者」（《陸子全書・三魚堂文集》九。楊碩甫，楊藝）。為人所樂道者，另有劉城與吳應箕，熊開元與金聲，彭士望、魏禧之于楊廷麟，傅山、王猷定之于袁繼鹹。殯葬、撫孤之外，遺民還參與了對「忠義」的甄別，對忠義事蹟的辨正。這顯然被作為了後死者的責任。[39]

僅由文獻看，那像是一個「身份」受到了極度關注的時代。關於甲乙（即甲申、乙酉）之際的諸種記述，將人物依「政治—倫理」分門別類，不厭其細。萬斯同《宋遺民廣錄訂誤》對宋遺民嚴加甄別，不但以為曾擔任學官以及書院山長者不能算作遺民，而且追究至於生平行事，嚴防「污點人物」闌入。在萬氏看來，不仕元的未必就有資格稱遺民。如某人當「宋元改革之際」，「年已篤老，無複出仕之理」，也就「不當入此錄」。其他如名儒趙複，其人「雖未受元職，然其教大行於北方，日主講席，終於燕都，非隱士也，亦不當入」（《石園文集》卷八），則又像是必為隱士方有資格入錄。實則「仕」、「隱」二分，適足以將現象簡化，使介於其間或非此非彼的選擇「無以名狀」，得不到表述的可能。但仍然應當說，「名」絕非無關緊要。有此一名與否，用此一名與否，非同小可。即令名實漸漸剝離，曾經

---

38 魏禧批評謝翱《卻聘書》：「雖曰言遜，終有失體裁處。其開口說夷齊雖不仕周，尤為引喻失倫。元為周武，誰為商紂耶？此人可學，此文未可全學也。」（《魏叔子日錄》卷三《史論》，《魏叔子文集》）議論之苛，之吹毛求疵，也在風氣中。

39 系於個人恩怨，其時似乎頗有「穢史」、「謗書」，狐裘羔袖，混淆視聽。易堂魏禮就試圖澄清徐世溥（巨源）為彭劍伯所撰傳記中的事實，說「此事關係幽明」，不能不辨（參看《魏季子文集》卷八《同易堂與未有書》。未有，宋之盛）。

的名，也仍然會暗中起作用。[40]

　　晚清至今的諸種遺民錄，基於甄別、篩選，也無不隱含了有關
「遺民」的界定，卻有尺度寬嚴之不同。陳去病的《明遺民錄》據說
甄選較嚴，顏元卻列名其中（謝國楨《增訂晚明史籍考》卷一七，
頁 754）。孫靜庵《明遺民錄》、謝正光《明遺民傳記索引》中均有卓
爾堪，1961 年中華書局版卓爾堪選輯《明遺民詩》（按原刻題為《遺
民詩》）的《出版說明》，謂卓氏「曾參加過康熙十四年（1675）清軍
平定耿精忠之役」。謝國楨《增訂晚明史籍考》也說其人康熙間從征
耿精忠，為右軍前鋒（卷一七，頁 742）。

　　卓爾堪輯明遺民詩，說因有是集，「諸君子之詩為之一聚，則諸
君子之性情亦為之一聚⋯⋯如聞歌泣太息於一堂，各吐其胸臆而無
間，使天下後世，皆得而窺見之」（卓氏《遺民詩序》，《明遺民
詩》），由此可感卓氏的想像力。遺民錄也有類似的功效，即使得當年
未曾謀面的人物，有了一聚的機會。至於地域性的遺民錄，陳子礪的
《勝朝粵東遺民錄》、《明季東莞五忠傳》，溫廷敬的《明季潮州忠逸
傳》，秦光玉的《明季滇南遺民錄》（參看謝國楨《增訂晚明史籍考》
卷一七），以表彰先賢、存鄉邦文獻為己任，均出自近人，應當以
「地方意識」的興起為一部分背景。

　　孟森為朝鮮人的《皇明遺民傳》作序，關於清代禁網之密，說
「嘉、道以前，流風所被，傳記之學，為傳者所諱言」，「至錢儀吉撰
《碑傳集》，中間有遺逸一門，竟有表章遺民之意，無論事觸時忌，
即其廣輯清代名人碑傳，已為朝廷所不許，故其書久藏不出。至同治
間，李元度之《先正事略》行世後，又久之，至光緒末乃獲印行。蓋

---

40 儘管讀了大量的遺民文集、傳記，對於其人是否以「遺民」自我指稱，沒有特別留
　意。生前自我確認與他人指認、身後追認，自然有不同。前者更有可能出諸自主且
　明確的選擇，後者則未必。

鹹、同軍興以後，禁網乃稍稍闊疏。故為明遺民作傳，道光以前，乃不可能之事。若朝鮮儒者之纂集能事，為中土所未有也」（《明清史論著集刊》上冊，頁 189）。依孟氏此說，即使在表章「勝國殉節諸臣」後，遺民仍然有敏感性。但諸種文集中卻大有遺民傳記，只不過沒有標此名目而已，多少有點像遺民藏身于人群之中。可見禁網之下，仍然有空間，禁防終不能如鐵桶一般。

梅爾清稱為「業餘『遺民』」（《清初揚州文化》中譯本，頁40），在她看來，那年代「一個頗有前途的年輕官員做到了對前朝的逝去表示悲痛，而沒有絲毫偽善的成分，這確屬不易」（同書，頁54），多少也因隔膜。其實在當時並沒有國外學者所設想的難度與風險。無論貳臣（如龔鼎孳、周亮工）還是與王身份相近的施閏章等人，也各在一種傳統中，他們的所為與「興朝」官員的身份並無不合。[41]其時士大夫的意識中，尚沒有「政治」與「文化」明確的分野，不同的角色、身份不妨兼於一身。興朝官員可以是前朝遺民的保護人，分享被其保護者的某種文化感情。這也因他們所服務的王朝，將「勝國」節義作為了道德資源，試圖將遺民的文化能量用於新朝的倫理修復。不全出自個人選擇。經歷了漫長的積累之後，幾乎任何一種姿態都難以出諸「純粹」個人。藍本，範本，前例，慣例，前言往行，嘉言懿行，無不參與了對人物的塑造。

辨正忠義事蹟的，自身也不免於被辨正；自覺參與歷史敘述的遺

---

41 遺民成其為「遺」的條件，包括了來自王士禛一流人物的支持。被作為佳話美談的，如駱鍾麟、郭傳芳（九芝）之于名遺民。魏禮致書施閏章，說「囊海內盛傳閣下痛哭雷伯籲，謂此淚今人所無」（《答施愚山侍講書》，《魏季子文集》卷八。雷伯籲，雷士俊，遺民）。「遺民學術」的條件，也在遇不遇，有沒有有力者的支持。彭士望稱道徐乾學「特延禮顧、陸二子，供粲餼束修羊，給筆劄小史，聽其自著書纂集，不煩以事，不自以為名，其識度有大過人者」（《傳是樓藏書記》，《樹廬文鈔》卷八。顧，顧祖禹；陸，陸繁弨）。

民，自己也被講述。遺民作為類型（族群、族類），多少也是敘述的結果。情況通常是，已有的遺民傳狀，提供了公認的遺民行為規範，遺民之為「類」的根據。遺民通過熟知的一套象徵符號，使自己的姿態一望可知，便於辨識；又經由對獨特符號的創造，傳達其選擇的更個性化的內涵。於是有了多種多樣的表達活動，沿襲的與新創的。至於明遺民表達方式的翻新出奇，務為奇警，甚至不惜驚世駭俗，毋寧說是一種文人氣習，不過借了「易代」這一方舞臺罷了。「表達」無疑豐富了遺民的生存，使他們更有與精神前輩同在的感覺。我已經談到過，「遺民生存」賴有想像；換句話說，「遺民」身份的成立有賴於假定（參看拙著《明清之際士大夫研究‧明遺民研究》，頁 323）。魯迅《故事新編》的《采薇》，將伯夷、叔齊采薇首陽山戲謔化，我卻更願意讀出其中的嚴肅人對於自主選擇生存方式、掌握自身命運的渴望。悲劇性或許在於選擇餘地的狹小，不得不借助於想像活動，借助於假定。

上述努力卻不能使遺民傳記避免模式化。當時、後世述說遺民事蹟者，出於對遺民人生的「連續性」、「連貫性」的注重，不免將「遺民人生」因果化、簡化，（因特重節操而）將遺民生存道德化也目的化了。遺民有各自的故事，卻往往被講成了一個故事、一類故事，類型化、標準化的故事也是遺民命運的一部分。我在寫作《明清之際士大夫研究》下編《明遺民研究》諸篇時，就注意到了史傳的剪裁遺民事狀，以塑造「標準遺民」。比如對陸世儀，只敘述其「桴亭」的一節，而不及於他介入清初的地方政治。[42]卻也因此，忠義、遺民傳

---

42 《小腆紀傳》說陸氏於兵敗後「鑿池寬可十畝，築一亭，擁書坐臥其中，不通賓客，榜曰：『桴亭門』」；「風波既定」，始應諸生請而講學，「尋還里中。當事者累欲薦之，力辭不出」，「以隱君子終」（卷五三，頁574）。陳瑚系陸氏密友，其《尊道先生陸君行狀》說陸氏甲申之後居城，並未提到「桴亭」；陸氏之子陸允正所撰

狀，是有分析價值的歷史文本，不妨由此入手，探究明清之際的歷史是怎樣被敘述的。

遺民史與文學史、學術史的明清之際想必大有不同，前者所見或一派慘澹，後者所見卻有可能「富有日新」。由此可以想像同一歷史時間中的不同生存空間與文化空間、社會生態與文化生態。「遺民」是個沉重的話題，「遺民人生」卻未見得一味沉重。有必要區分詩與「生活」。「貧病交加」、「窮愁潦倒」有可能是詩，詩則有「傳統主題」（歎老嗟貧即一種），未必總由個人經驗中挹取。這裡有「個人表達」的非「個人性」：傳統主題之外，尚有傳統意象，慣用的修辭手段，等等。遺民創造了豐富的表達痛苦的方式。讀忠臣、遺民傳記，全不被感染是不正常的，感染到悲慨淋漓似乎也不必。我不是指應當將情感有節制地投放，而是說有必要保持學術態度。認同問題在關於忠臣、遺民的敘述中一向突出。碑傳文字固然不免格於體例，也有撰寫者有意的興寄。「認同」不能不影響于「遺民史」的基調。但也應當說，「痛苦」在遺民有可能只是話題，但能感受痛苦，才適於做遺民研究。善讀遺民者，當於無字處讀之。趙儷生說，傅山與顧炎武交往極密，「但雙方詩文集中留下的痕跡很少，只不過互相酬唱的幾首詩」；顧氏與其甥徐元文關係最密切，徐氏《含經堂集》，「簡直一首懷念舅父的詩文也沒有」。趙氏以為，由此「應該體會到的不是疏遠，而是親密和保密」（《顧炎武新傳》，《趙儷生史學論著自選集》，頁 348-349）于無字處讀遺民，此即一例。應當說，正是與遺民生平有關的文獻中的大片空白，留出了想像空間，有可能刺激考索的興趣。凡事在有無之間，總比乾燥的「事實」耐得揣摩。

《顯考文學崇祀鄉賢門人私諡文潛先生梓亭府君行實》亦未及「梓亭」。據年譜，辛醜（1661年），毛如石為安義令，陸氏在幕中（《行狀》、《行實》、年譜均刊《梓亭先生遺集》）。

　　我感到奇怪的是，何以「遺民現象」在一個長時期中，未能吸引更多的研究者的關注。似乎不止緣於學科視野構成的限制。在我們這裡，「遺民」一名的含義曾經複雜曖昧尤其在辛亥革命以降「遺老」、「遺少」被汙名化的語境中。顧誠《南明史》分析瞿式耜、張同敞就義前的心理，歸結為對南明前途失去信心，以及「根深蒂固的儒家成仁取義思想」，評價兩位「忠臣」不無保留；卻又說瞿、張的從容就義，「比起那些貪生怕死的降清派和遁入空門、藏之深山的所謂遺民更高潔得多」（頁 602）。同書將王夫之等人「見形勢不利逃回清朝統治下的故里」，譏為「以五十步笑百步」（頁 592）。如果不太健忘，這應當是我們曾經熟悉的一種論述。在極端的道德論作為主流意識形態的語境中，對「遺民」確有「定性」之難。[43]

　　在國外學者那裡，情況又有不同。讀魏斐德的《洪業清朝開國史》，發現該書以及該書所徵引的國外漢學的有關著述，涉及「忠」、「貞」一類範疇以及有關事例時解釋的乏力。這似乎可以用來回答我相當一段時間裡的困惑，即在國外漢學進行了如此如箆如梳的高密度研究的這個時段，何以如「遺民」這樣重要的現象並未受到足夠的重視，引出與此現象的分量相稱的研究成果。我不知道歐美有無與古代中國的「遺民」具有可比性的類或群，也因此不知道是否「文化差異」使異國學者在面對這一人群與其價值觀、人生態度時力不從心。為了探訪明遺民，有必要上溯到商遺（亦所謂「殷頑」），追溯古代中國思想中與「肥遁」有關的思想材料，追尋到士大夫的早期歷史。我只能猜想，較之忠臣，遺民一族更令域外的學者遭遇了解釋的難題。

---

43 1961年中華書局版《明遺民詩》，《出版說明》中說，因所收詩作有「階級立場」問題，該書「只能作為文、史研究者的參考資料，而不適宜於一般讀者閱讀，所以採取了控制發行的辦法」。

遺民—時間

　　據說為歸莊所作的《萬古愁》曲子，大為順治稱賞，「命樂工每膳歌以佑食」，對此全祖望慨歎道：「古之遺民野老，記甲子哭庚申，大都潛伏於殘山剩水之間，未聞有得播興朝之鐘呂者」，以之為「異事」（《題歸恒軒萬古愁曲子》，《鮚埼亭集》外編卷三一）。這也是易代之際遺民與「興朝」間關係之詭譎者。我猜想倘若歸莊能得知這樣的事，絕不會有全氏那樣的感慨，而多半會悚然一驚的吧。

　　遺民守身、潔己的程度，互有不同。後世稱「大家」的遺民中，王夫之「晦跡」最稱徹底，作為遺民「無可疵議」；顧炎武「行己」極矜重，仍不免要令人想到其顯赫的「親串」、「鼎貴之甥」（即徐乾學、徐元文）。[44]黃宗羲更不免於物議。據說黃氏曾用高鬥魁的計策救其弟宗炎。黃宗會說他的兄長（宗羲）「不得不一切權宜以紓險」，指的應當是這類事（《亡弟司輿黃君權厝志》，《縮齋文集》，頁 121）。[45]

---

44 魏斐德《洪業清朝開國史》注釋中引彼得森（Willard J.Peterson）《顧炎武的一生》的如下見解，即顧炎武的忠君思想模棱兩可，「他拒絕參加清朝的科舉考試，在某種程度上是因為他希望避免加入激烈的社會競爭，因為他已經不能像年輕人一樣在這種競爭中取勝了。相反，他致力於選擇一種可能的方法來贏得名聲」，即那種拒絕清朝的「不屈姿態」（中譯本，頁728注3）。無論有怎樣的基於中西不同文化背景的隔膜、誤解，論者至少表明了他不肯輕信現成的說法（包括顧氏本人的表白）。錢穆引顧炎武詩：「未敢慕巢由，徒誇一身善。窮經待後王，到死終毗勉」，說：「亡國遺臣之不能無所待者，正見其處心之愈苦耳。」（《中國近三百年學術史》第二章，頁34）這一種理解，是彼得森所不能有的。

45 黃宗會《亡弟司輿黃君權厝志》記清兵清剿與黃宗炎被逮之時，長兄黃宗羲「外拒患禍，內鍵門戶，焦然欲喪其生，不得不一切權宜以紓險」（頁120-121），背後想必有更多的故事。全祖望《鷦鷯先生神道表》（《鮚埼亭集》卷一三）記庚寅黃宗羲謀諸他人，劫宗炎於法場；丙申宗炎「再遭名捕」，故人救之而免。黃宗羲能得善終，自應賴其人的「智計」，其間的委蛇周旋，固所難免（參看《黃宗羲年譜》，頁91、101）。

黃宗羲本人也說自己「賦性偏弱」，迫于生存壓力，「屈曲從俗，姑且不免」（《前鄉進士澤望黃君壙志》，《黃宗羲全集》第 10 冊，頁 294）。[46]

　　由黃宗會《亡弟司輿黃君權厝志》，可知黃氏兄弟易代之際的不同選擇。據該文，黃宗羲的四弟黃宗轅（司輿）是主張「力耕供母」，不以「與義」為然的。他說「屢動則多失，不創則禍隨之」；一旦遭遇禍患，又不能不「生術以弭之」，這樣一來，「並其初心亦失之矣」（頁 119），著眼不全在避禍全生，更在對「吾喪我」（自我喪失）的憂懼，與王夫之等人「與義」後的反省，不無思路的相近。黃宗會服膺其弟的先幾之識，到他寫作這篇文字的時候，已認同其亡弟的主張，說宗轅「靜而能綜事之變」（頁 121）。

　　關中三李（李二曲、李柏、李因篤），甯都三魏（魏際瑞、魏禧、魏禮），都提供了易代之際士人的不同選擇及各自依據的例子（關於三魏，參看拙著《易堂尋蹤關于明清之際一個士人群體的敘述》）。使遺民成其為遺民的，就應當有李因篤的「入彀」，魏際瑞的出應世務，孫枝蔚被認為的「點汙」。而遺民的處新朝，又何嘗彼此一致！由全祖望所寫（《二曲先生窆石文》，《鮚埼亭集》卷一二），可以想像其時知名之士所面對的諸種情境；至於李氏的一整套應對策略，幾乎稱得上「行為藝術」。堅拒，抵死抗拒，拒而不堅，半推半就，應對清初的「羈縻」政策，呈現的正是士林百態，卻無妨於不同的人物同屬於「國朝先正」，被作為新朝的道德資源。

---

46 謝國楨《增訂晚明史籍考》說林時對《留補堂集選》「記黃宗羲戊午己未間喪母，喪次紅單高揭」；謝按：「梨洲喪母在康熙十九年庚申，而非戊午己未間，時月已誤；至喪次高揭紅單，書清代年號，並有『仰荷新恩』之語，故嘗時人士有謂梨洲難置於遺民之列者，此則梨洲之子百家為之，見於百家所撰明文授讀序，其頌揚清朝已無微不至，然決非梨洲之本志」（卷二〇，頁909）。謝為黃的辯護似乎並不有力，除非能證明黃宗羲此時已不能自主。

　　遺民承受多方面的審視、監察，稍有蹉跌，在世人眼中即像是體無完膚。審視之外，更有自審。曾燦引杜濬的詠梅詩：「平生只是多慚愧，逢著梅花不作詩」（《范石湖梅花詩序》，《六松堂集》文集卷一二）。黃宗羲《思舊錄》記陳弘緒說「吾非故吾」，「若有慚德」（《黃宗羲全集》第 1 冊，頁 366）。另據黃氏，陸圻（麗京）經歷了「莊氏史獄」，有精神意氣的斫喪，將黃氏贊許他的詩奉還，說「自貶三等，不宜當此」（同上，頁 378）。陳確說自己「懦不能死」，又不能從軍，「為國家效尺寸之勞」，還要向新朝輸租納稅，「不異順民」（《祭山陰劉先生文》，《陳確集》文集卷一三，頁 307），說得很沉痛。遺民經歷了時間的雕鏤，幾乎難有「完人」。卻也如對於忠臣，有放寬尺度的主張。明亡未久，就有人認為，那些難免於蠖屈，以至含垢包羞者，也無妨其為遺民。朱彝尊就在他的《靜志居詩話》中說，陳恭尹「降志辱身，終當進之逸民之列」（卷二二，頁 712）。身為遺民的王猷定則說：「古人進退屈伸之際，一因乎時，時既去而留之，與未至而逆之，其心適足以自累」（《贈鶺林梁公序》，《四照堂集》卷三）。確有一些遺民不惜將自己置於臨界點上，證明了上文已經提到的古代中國人倫理實踐中的彈性，可供伸縮的空間，選擇中的自由度，即所謂經／權。「滄浪之水清兮，可以濯吾纓；滄浪之水濁兮，可以濯吾足」（《漁父》），本來說的是「不凝滯於物」、「與世推移」的「達」。被用在另一種場合，無論清濁，都可用之以洗濯，就有了不同的味道。

　　孔尚任著有《人瑞錄》，據翦伯贊說，該書「是一部長壽老人的統計錄，也可以說是一部明代遺民錄」（《桃花扇底看明朝》，《甲申三百年祭風雨六十年》，頁 58）。[47]對於遺民，長壽或許意味著多一番轉

---

47 按孔尚任編《人瑞錄》，是依省籍、年齡編次，僅記各項人數，與其人是否遺民無

折。即如先是選擇政治立場，到後來更像是選擇生活方式、生存狀態，「遺民」的意涵也隨之潛變。各種變化悄悄地發生。這裡也有必要將遺民關於自己的想像與他們的「實際經歷」區分開來。當然，判斷是否「實際經歷」，又不能不參考他們的表述。易代之際張穆（穆之）掛冠歸隱，事後曾燦說，「昔有長史馬肥，路旁觀者快之，長史喜其言，馳驅不已，以至於死。語雲：殺君馬者路旁兒。」倘若張氏當年果然「提一旅之師，以爭尺寸」，也「不免為路旁兒所快」（《張穆之詩序》，《六松堂集》文集卷一二）。曾燦當年也曾參與反清軍事，一些年後竟有了這種感想！在曾氏雖不免因人設論，也仍然令人可感心情的變易。

上文已經提到，魏禧有《紀夢》（《魏叔子詩集》卷五）一詩，記他自己夢中對亡父說：「今年天變良已極，時平物賤歲屢登」，說罷竟痛哭失聲，真是無奈而又悲欣交集。[48]李因篤在稱頌當局者的文字中，說「百餘年來，未有表端景隨風清弊絕如今日者也」（《方伯穆公廉仁頌並序》，《續刻受祺堂文集》卷一），未見得不是真實感受。曾燦也有「時逼上元，河清可俟」（語見《與陳元孝》，《六松堂集》文集卷一四）的說法。王弘撰《山志》中說：「今天下由亂而治，學者惡可不知所自警乎！」（二集卷二《書坐右》，頁191）沒有說明應當「自警」些什麼。

在「政治—道德」的視野中，有部分遺民的故事，以向「現實」妥協而結束。魏斐德《洪業清朝開國史》講述了閻爾梅的故事，該故事包括閻「停止漫遊生涯而定居下來，並接受了巡撫趙福星的保

關。薊氏云云，大約依據該錄的如下說法，即獲錄之人，「皆勝國之子遺」。該書所錄非即「遺民」，而是經了明清易代的「子遺」之民。

48 何炳棣《明初以降人口及其相關問題》：「康熙二十二年（1683）後，天下太平，豁免稅糧達到極大幅度」（中譯本，頁246）。

護」。魏斐德甚至具體描寫閣把頭髮打成一個結,放在大紅頂戴的下
面,帶上全部行李去了巡撫的客館,「為找到一個定居之所而寬慰地
流下了熱淚」(中譯本,頁 729-730)。這一故事還應當有其他種版
本。但的確可以相信,妥協未見得痛苦,倒可能有因了順適的安然。
據孟遠所撰《陳洪綬傳》,陳老蓮晚年,「杖履琴書,逌然自適,向之
怨尤悲憤頹唐豪放之氣,悉歸無有」(《寶綸堂集》)。或許並不遠於
「實際」。不同于忠義的以死為完成,遺民人生既然在時間中展開,
就不能不經歷種種的調整、修訂。調整、修訂著的,不只是遺民人
生。或許也正因此,在清初之世,遺民是士人中最清醒而警覺的一
群。遺民的身份自覺,使得他們較之其他同時代人,更緊張地感受著
時間,體驗著時間之於他們的刻痕不止在肌膚上、或者說更是在「心
靈」上。[49]

　　抗拒時間中的消磨,自然賴有信念。名遺民的信念,往往是運思
的結果。王夫之說,天下沒有「截然分析而必相對待之物」,如天／
地,如進／遲,如公是／公非,如善／惡,也如存／亡:「存必於存,
邃古之存,不留於今日;亡必於亡,今者所亡,不絕於將來。其局不
可得而定也。」(《周易外傳》卷七,《船山全書》第1冊,頁 1073)
還說:「蓋天之大命,有千百年之大化,有數十年之時化,有一時之
偶化;有六合之大化,有中土之時化,有一人一事之偶化。通而計之
皆無妄,就一時一事而言之,則無妄者固有妄也。」(《周易內傳》卷
二下,同書,頁 237)信念也就建基於他一貫的思想邏輯上。黃宗羲

---

49 顏元記彭某順治初拒絕應試,「迨壯歲以還,漸諳世故,乃幡然自厭其少時之矯
　　激,而易之以圓通,且肆力揣摩,以求遂其壯行志」,終於仕清(《送彭恒齋尹長洲
　　序》,《習齋記餘》卷一,《顏元集》,頁402)。又有相反方向上的遷流。朱嘉徵甲申
　　後仕清,後又自悔,乞歸引退,專力著書(參看《陳確集》文集卷一《與朱岷左
　　書》注,頁72)。

說貞下起元，顧炎武說「有王者起」，無非信念在我看來，仍然以王氏的境界為大。

所謂「小一代遺民」

關於明遺民，我關心的始終更是士大夫普遍的生存境遇與生存經驗。明遺民這一物件吸引了我的，是更廣闊的「命運主題」。我在《明清之際士大夫研究》下編《明遺民研究》的引言中，強調了遺民現象的普遍性，說「明遺民構成清初社會的特殊族群，充分呈現了其作為時間現象，而又以特殊形態，表現了士的一般面貌：士對生存的道德意義的注重，士在與其時其世、與當代政治的關係中自我界定的努力」（頁256）。還說：「『遺民』以特殊情境，將士的角色內容呈示了。甚至可以說，遺民未必是特殊的士，士倒通常是某種意義、某種程度上的遺民。」（第五章，頁265）遺民不過是一種特殊歷史情境中的士，絕無「遺民性」幾不可稱之為士；而「易代」不過將其「遺」的條件、情境具體化罷了。也因此在我看來，遺民提供了特殊機緣以考察「知識人」當歷史變動之時的反應及其觀念背景。總要有「特殊機緣」，才更便於逼近所謂的「本質」。陳確說伯夷、叔齊所以「聖」，包括了「不官不死」，「非殷非周」（《死節論》，《陳確集》文集卷五，頁153）。尤其值得注意的，即「非殷非周」。李鄴嗣（杲堂）說周齊曾有諸「不附」，即早年讀書「不附傳疏」；為制義「不附主司」；於士類中「不附品目」；為吏「不附上官，不附鄉大老」；出處大節「不附一世」；遁於佛家「不附釋門」；即使避世也「不附同隱」（《周貞靖先生遺集序》，《杲堂詩文集‧杲堂文鈔》卷一，頁398-399）。有此諸「不附」，可知其為遺民，必不附他遺民，上述「不附」即其人立身處世的原則，自足，不待其他條件。倘若不避「目的

論」之嫌,是否可以認為,這種姿態,點點滴滴地準備了近代知識份子的出世?儘管「遺民」作為社會、文化現象,由來已久。

有清一代,「遺民情懷」在士類中的普遍,是不難注意到的現象。「貳臣」如錢謙益、吳梅村,甚至將這情懷表達得較尋常遺民更充分,有時也更細膩纏綿。類遺民的「情懷」,非但錢、吳,戴名世以至全祖望似乎都有。梁啟超說,全氏「生當清代盛時,對於清廷並沒有什麼憤恨,但他最樂道晚明仗節死義之士與夫抗志高蹈不事異姓者,真是『其心好之,不啻若自其口出』」(《中國近三百年學術史》八,頁198)。「生當清代盛時」,未見得就沒有「遺民情懷」,這「情懷」也未必根於「憤恨」。但我說的「普遍」,並不止在於此。

全祖望寫元遺民,一樣動情。使他為之動情的,應當更是一種精神品質、人格無論其人為宋遺、元遺抑明遺。儘管對於此種精神品質,當時的人們仍然不免用了「君臣大義」界定,但令全氏傾心的,想必在彼不在此的吧。[50]

明遺民作為現象,由理論上說自有起訖「起」於明亡是不消說的,訖於何時,卻像是難以斷定。為了確認那個終結的點,不止有必要逐一考定遺民的卒年,還應當考察諸人的政治態度的演變(除非絕無變化)。遺民之外,另有研究者所謂的「小一代遺民」,多半是遺民之子,如方以智之子、傅山之子。陳維崧、黃百家、王源,無不是遺民之子。另有忠臣之子,如祁彪佳之子理孫、班孫。全祖望的《祁六公子墓碣銘》寫得很精彩(《鮚埼亭集》卷一三)。吳麟徵子吳蕃

---

50 全氏說:「自講學之風盛,學者自負其身心性命之醇,而氣節其粗焉者也。夫善養吾浩然之氣,孟子之言也;臨大節而不可奪,孔子之言也。此不過懦夫借此以掩其趨利避害之情狀,其流弊至於無君無父而不可挽,非細故也。」(《鮚埼亭集》外編卷一九《羅文毅公畫像記》)「無君無父」更是某種精神品質喪失所致的「流弊」。也應據此,他以為如丁鶴年者,其精神品質的價值,尚在詩作之上(同書卷一八《海巢記》)。

昌說自己「立焚制舉書，終謝人世事，操鋤鎛以歸墓田，入承老母歡」（《先大夫年譜後序》，《祗欠庵集》卷二），是被認為不辱門風的選擇。

遺民父子兄弟俱有「時名」者，如方氏（方孔炤、方以智與方中通、中履三代）、黃氏（黃宗羲、宗炎、宗會及黃百家）、萬氏（萬泰及其子萬斯年、斯大、斯同）、陳於廷與其子陳貞慧，傅山及其子傅眉等。其中方氏父子、萬氏兄弟並以博雅見稱（萬氏兄弟曾師事黃宗羲，為浙東經史之學）。即使這樣，作子弟的也仍然會感到慚愧。萬斯同就曾不勝崇仰地回顧起父輩（即複社一代人）的氣節風采，說自己與梅朗中的兒子、沈壽民的兒子儘管「各抱一經，安常守困」，「然視先人之卓然有立，則已遠矣」（《送沈公厚南還序》，《石園文集》卷七）。那差異或許就在「精神意氣」。如若由萬氏所取的角度看去，明末、清初，正不知該如何判斷盛衰。萬斯同還說，「從來名父之子難為繼」（同書同卷《送宣城梅耦長南還序》），只能「力自振拔」，從事於「繼述」這又被作為名遺民之後的道義責任。王夫之就說過，「人子之於親，無擇也，無感也，無求也，傳之而已矣。有傳心焉，有傳性焉，有傳命焉。」（《詩廣傳》卷五，《船山全書》第 3 冊，頁483）不妨用來注「小一代遺民」的宿命。

梁份生於崇禎十四年，甲申那年不過四歲；劉獻廷、王源順治五年出生，甚至不曾一日在故明生活。歸之于「小一代遺民」，甚至直接以其人入「遺民錄」，那根據只能是「思想傾向」、「精神特徵」。陳恭尹、屈大均不過較年長三四歲，更較陳維崧、朱彝尊年少，不但他們（尤其屈氏）本人以遺民自居，時人像是也以其為遺民，不免要苛求。萬斯同小五歲，在有關的敘述中，卻像是負有為明朝「存史」的重任。這樣看來，「身份」的確不止系於年齡，也應當與個人所處的位置、所作的選擇有關。雍正上諭斥罵呂留良，說「當流賊陷京，呂

留良年方孩童。本朝定鼎之後，伊親被教澤，始獲讀書成立，于順治年間應試，得為諸生。是呂留良於明，毫無痛癢相關，其本心何曾有高尚之節也」（蔣良騏《東華錄》卷三〇，頁 493）。還說：「按其歲月，身為本朝諸生十餘年之久，乃始幡然易慮，忽號為明之遺民」（同上），一味在時間上做文章，不免強詞奪理。

上文已經提到，有自覺的遺民，也有不自覺（甚至僅僅出於追認）的遺民。所謂的「小一代遺民」自然更是如此。劉師培《書曝書亭集後》譏諷朱彝尊「後先異軌，出處殊途」，「後凋松柏，莫傲歲寒；晚節黃花，頓改初度」（《外集》卷一七，《劉申叔遺書》，頁 1780，江蘇古籍出版社，1997），[51]朱氏本人未見得認為自己「異軌」、改度，未必不覺得一切順理成章。

馬基雅維裡在其《君主論》中說，西班牙、法國和希臘反羅馬人的叛亂，是因為「這些國家裡面有無數的小王國。當他們的記憶尚未消失的時候，羅馬人總是不能夠穩然佔有其地的。但是，一旦由於羅馬帝國的權力和統治的長久性使他們的記憶煙消雲散的時候，羅馬人就成為這些地區牢固的佔有者」（中譯本，頁 21）。新的統治者要有足夠的耐心等待並促成「記憶」的消失。這不消說需要時間。在這種情況下，「敘述」扮演了舉足輕重的角色。也如前代遺民，明遺民表現出對於戰勝者歪曲歷史的高度警戒，他們以主動進行歷史敘述的姿態，不但私人修史，且對官方的正史纂修實施干預，於是官私兩面的歷史敘述，均參與了塑造社會記憶的大工程。[52]但如上文已經說到

---

51 尚小明《學人遊幕與清代學術》說朱彝尊「曾秘密參加過抗清鬥爭。但是，從順治十三年（1656）起，他開始了長達二十餘年的遊幕生活，並且以廣東布政使曹溶這位在多爾袞攻陷北京之初即投降清廷的著名學者，作為他的第一位重要幕主，這意味著朱彝尊實際上已接受了滿族人的統治」（頁28）。

52 遺民的歷史書寫，見諸文集，廣泛而形式多樣。拙著《明清之際士大夫研究》出版後，尹恭弘先生曾建議我在《遺民生存方式》一章補入「著述」。我也認為「著

的，敘述的功用也同樣複雜，既有可能固化記憶，又有可能以對記憶的規範，更以傳奇化、神化，使得「真相」湮沒不彰。

「小一代遺民」更難以避免時間中的變化。康熙初年，祁班孫以從事與「恢復」有關的活動而長流塞外，詩作中有《瀋陵》一首，記述了自己過清陵時感受的震撼，其中有「沙漠餘雄氣，墉垣特壯觀」，「規模原不隘，策略故能寬」等句（《祁彪佳集》附錄《紫芝軒逸稿》，頁 325-326、頁 32）；回想所過「燕陵」，不難想到興廢原非偶然。李斗《揚州畫舫錄》記王士祿稱讚陳維崧「浪卷前朝去」乃「英雄語也」（卷一《虹橋錄》上，頁 261）。此種「英雄語」，怕是其父輩不忍寫出的吧。

清詩壇有所謂的「國初六家」，即施閏章、宋琬、朱彝尊、趙執信、查慎行。陳維崧《王阮亭詩集序》說「既振興詩教於上，而變風變雅之音漸以不作」（《湖海樓全集》文集卷一）。上述六家即此結束了也開啟了一個文學時代。此六家與遺民詩人，固然有銜接、交疊，由故明的一面看去，卻漸行漸遠，其身影終於沒入遠方的煙靄之中。

種種歷史讀本都告訴我們，明清之際是一個「血與火」的時代。揚州十日，嘉定三屠，抵抗與投降，堅守與屈服那段歷史似乎確也適於用「血與火」來形容。傳統史學中的「易代之際」，是為「忠義」、「遺民」特設的大舞臺，其上人物的演出無不是合目的的，敘述者則不惜為預定主題而刪繁就簡，於是我們讀到了大量的以「忠節」為主題的故事。這一種製作在有清二百餘年間不斷地進行，其間有當道與民間的共謀、合作。這包括了清朝最高當局授意的表彰；地方政府對

述」的確是一部分遺民的生存方式，也是他們藉以思考自己的生存的方式。他們經由著述而自我界定、自我認同，其深度尤其在學術著作中。遺民對自己的生存意義的發現與論證，何冠彪《生與死：明季士大夫的抉擇》附錄《明遺民對殉國與否的抉擇及回應陳確個案研究》有細緻的分析。

忠義事狀的整理、刊刻；民間創作對忠臣義士的神化；尤其官修正史和私家著述的類型化、標準化敘述。類型劃分與標準化製作深刻地影響了歷史知識的形態，規範了人們的歷史想像。那些無以類歸、不能納入已有類型的，也就難以獲得歷史敘述中的位置。

托克維爾說過，「歷史是一座畫廊，在那裡原作很少，複製品很多」（《舊制度與大革命》中譯本，頁 104，商務印書館，1992）。值得進一步追問的是，複製是如何進行的，歷史書寫在其中扮演了怎樣的角色。情況很可能是，「正史書法」規範了歷史敘述，決定了材料的取捨；規範化的歷史書寫又暗中規範著人的行為，提示著他們在類似情境中的應然反應。「標準化」在敘事史學與「生活」中同時進行終於弄不清孰因孰果。因果就此纏絞在了一起。

本書中我一再說到「進入歷史」。這自然是感性的也即「文學的」表述。我們更有可能去做的，是與正史或其他種歷史書寫對話。拆解也是一種對話方式。尋找縫隙，搜尋破綻，經由質疑問難而重建想像。至於我自己對正史的傳記文字的懷疑，其間有文學研究者的積習在發生作用。文學敘述對複雜、繁複的偏愛，培養了這種態度。米蘭‧昆德拉在關於小說藝術的論述中說：「小說的精神是複雜性的精神，每部小說都對讀者說：『事情比你想的要複雜。』」（《小說的藝術》中譯本，頁 17，三聯書店，1992）我們在讀史的時候，不正應當持這種態度？

家叢書·趙園選集 A0502004

像與敘述　上冊

者	趙園	
編輯	蔡雅如	
人	陳滿銘	
理	梁錦興	
輯	陳滿銘	
編輯	張晏瑞	
所	萬卷樓圖書股份有限公司	
版	林曉敏	
刷	百通科技股份有限公司	
設計	菩薩蠻數位文化有限公司	
版	昌明文化有限公司	
市龜山區中原街 32 號		
(02)23216565		
行	萬卷樓圖書股份有限公司	
市羅斯福路二段 41 號 6 樓之 3		
(02)23216565		
(02)23218698		
SERVICE@WANJUAN.COM.TW		
經銷		
圖臺灣書店有限公司		
郵 JKB188@188.COM		
78-986-496-040-8		
年 7 月初版		
新臺幣 240 元		

如何購買本書：

1. 劃撥購書，請透過以下郵政劃撥帳號：

帳號：15624015

戶名：萬卷樓圖書股份有限公司

2. 轉帳購書，請透過以下帳戶

合作金庫銀行　古亭分行

戶名：萬卷樓圖書股份有限公司

帳號：0877717092596

3. 網路購書，請透過萬卷樓網站

網址　WWW.WANJUAN.COM.TW

大量購書，請直接聯繫我們，將有專人為您
服務。客服：(02)23216565 分機 10

如有缺頁、破損或裝訂錯誤，請寄回更換

國家圖書館出版品預行編目資料

想像與敘述 / 趙園著.-- 初版.-- 桃園市：

昌明文化出版；臺北市：萬卷樓發行，

2017.07　冊；　公分.--(當代名家叢書. 趙

園選集；A0502004)

ISBN 978-986-496-040-8(上冊：平裝).--

1.知識分子 2.明代 3.清代

546.1135　　　　　　　　106011524